Widder

21.3.–20.4.

Widder

P. Michel
A. Wagner

21.3.–20.4.

tosa

Inhalt

Vorwort 6
Einleitung 8
Das Grundwissen 8

KAPITEL 1: Grundsätzliches über den Widder 18
Der Widder im Tierkreis 20
Der Widder und seine Mitmenschen 22
Wie lebt man mit einem Widder? 24
Der Widder und sein Lebensstil 25

KAPITEL 2: Der Widder im Beruf 28
Begabungen und Talente 30
Abneigungen 35
Vorgesetzte und Mitarbeiter 39
Selbstständigkeit 42

KAPITEL 3: Der Widder und die Liebe 46
Der feurige Liebhaber und die Ungezähmte 48
Der abenteuerlustige Widder 51
Der Widder-Mann 55
Die Widder-Frau 58
Der Widder und seine Beziehungen 62
Sexualität: Der Widder-Mann 74
Sexualität: Die Widder-Frau 76

KAPITEL 4: Gesundheit 80
Allgemeine Ratschläge 82
Die Schwachzonen des Widders 83
Was ein Widder vermeiden sollte 85

Ein guter Rat an den Widder 87
Sanfte Heilweisen für den Widder 89

KAPITEL 5: **Essen und Trinken** 98
Der Widder in der Küche 100
Der Widder und seine Gäste 104
Die Lieblingsgerichte des Widders 106
Wie man einen Widder verwöhnt 108
Genießer oder Asket 110

KAPITEL 6: **Der Widder als Kind** 114
Der kleine Widder 116
Die Schulzeit 119
Widder-Kinder und ihre Spielgefährten 121

KAPITEL 7: **Freizeit** 126
Die Reiseländer des Widders 128
Der Widder und seine Hobbys 131
Der abenteuerliche Widder 135

KAPITEL 8: **Der Mond und die Tierkreiszeichen** 138
Allgemeines über den Mond 140

KAPITEL 9: **Berühmte Widder** 156
Berühmte Frauen 158
Berühmte Männer 159

Die Autoren 160

Vorwort

Wenn Sie jetzt dieses Buch in Händen halten, so sind Sie höchstwahrscheinlich ein Widder oder zumindest am Sternzeichen Widder interessiert. Vielleicht leben Sie in einer temperamentvollen Beziehung mit einem Widder oder möglicherweise ist Ihr Chef einer. Zumindest möchten Sie etwas mehr über dieses Sternzeichen erfahren.

Es ist immer eine spannende Angelegenheit, etwas über sich selbst oder einen anderen Widder zu erfahren. Die nachfolgenden Seiten wollen Ihnen einen Gesamtüberblick über die vielfältigen Seiten des Widders vermitteln. Wenn Sie selbst ein solcher sind, haben Sie sich wahrscheinlich ohnehin schon über das Inhaltsverzeichnis mit dem Buch vertraut gemacht. Trotzdem sollte das Buch bei der Lektüre noch einige Überraschungen für Sie bereithalten. Vielleicht wird es Sie auch das eine oder andere Mal zum Schmunzeln bringen. Das ist so beabsichtigt!

Das Sternzeichen eines Menschen zeigt uns dessen bestimmte Merkmale auf, es kann allerdings kein vollständiges Bild einer Persönlichkeit liefern. Dazu bedarf es eines umfassenden Horoskops.

Es wird Ihnen sicher schon aufgefallen sein, dass es auch innerhalb eines Sternzeichens unterschiedliche Menschen gibt. Das zeigt uns, dass man nicht alle Widder, Stiere oder Jungfrauen über einen Kamm scheren kann. Trotzdem lassen sich viele verblüffende Ähnlichkeiten feststellen, die viel zu eindeutig sind, um als Zufall erklärt zu werden. Bestimmte Muster kehren innerhalb eines Sternzeichens immer wieder. Deshalb lohnt es sich, etwas mehr über die verschiedenen Aspekte eines Sternzeichens zu erfahren. Wenden wir uns also der geheimnisvollen Welt des Widders zu.

Einleitung

Gehören auch Sie zu jenen Menschen, die zwar ihren Freunden und Kollegen gegenüber stets betonen, nichts von dieser „Sterndeuterei" zu halten, aber heimlich doch fast jedes Illustriertenhoroskop lesen? Natürlich nur zum Spaß!

Wir vermuten einmal, Sie haben ein gewisses Interesse an der Astrologie, kennen sich aber noch nicht sehr gut aus. Daher sind die nachstehenden Gedanken über die Wissenschaft der Astrologie für Sie vielleicht hilfreich, um Ihnen zumindest Grundkenntnisse der alten Sternenweisheit zu vermitteln. Außerdem versprechen wir Ihnen mehr Freude am Lesen als bei den etwas eintönigen Zeitschriften-Horoskopen!

Wenn Sie zu den Befürwortern der Astrologie gehören – und ihre Zahl nimmt bekanntlich ständig zu –, werden Sie mit diesem Buch endlich genügend Argumente in die Hand bekommen, um Ihren Freunden und Kollegen zu beweisen, warum sich die Widder-Frau aus der Buchhaltung mit dem Jungfrau-Abteilungsleiter so in die Haare geraten konnte.

Das Grundwissen

Normalerweise weiß jeder Mensch, zu welchem Sternzeichen er gehört. Das Tierkreiszeichen richtet sich nach dem Stand der Sonne zum Zeitpunkt Ihrer

Geburt. Wenn Sie also beispielsweise am 10. März geboren sind, gehören Sie, astrologisch gesprochen, zu den Fischen. Denn an diesem Tag stand die Sonne im Zeichen der Fische. Wurden Sie dagegen am 10. April geboren, sind Sie astrologisch ein Widder. Sie finden normalerweise ganz schnell heraus, zu welchem Zeichen Sie gehören, es sei denn, Sie fallen genau in den Wechsel zwischen zwei Zeichen. Dann kann es von Bedeutung sein, Ihre Geburtsstunde genau zu ermitteln und einen Astrologen oder das Internet zu befragen, zu welchem Zeichen Sie gehören.

Der Sonnenstand, also Ihr Sternzeichen, gibt Ihnen Auskunft darüber, wie Sie „in Ihrem Inneren" wirklich sind. Die Astrologie, wenn sie ernsthaft betrieben wird, vermag natürlich weitaus mehr über die Persönlichkeit eines Menschen auszusagen, aber wir wollen es in diesem Buch einmal beim Sonnenstand, dem Sternzeichen und dem Stand des Mondes bewenden lassen. Als Hinweis für die etwas Fortgeschritteneren unter den Lesern sei nur erwähnt, dass der „Aszendent" zum Ausdruck bringt, wie Sie der Umwelt gegenüber erscheinen, während die Stellung des Mondes, auf die wir im Kapitel 8 näher eingehen, im Horoskop wesentlich für Ihr Seelenleben und Ihre Gefühlswelt ist.

Es ist keine große Mühe, den Aszendenten und die Stellung des Mondes im Horoskop zu ermitteln. Diese Daten erfahren Sie aus dem Internet in Sekundenschnelle, wenn Sie Ihr Geburtsdatum und Ihren Geburtsort entsprechend eingeben. Mit unserer Sternzeichen-Serie haben Sie dann das Werkzeug in der Hand, um mehr über sich selbst zu erfahren.

Die Geschichte der Astrologie

Das Wort „Astrologie" setzt sich aus den beiden griechischen Wörtern „Astron" (Stern) und „Logos" (Wort, Weisheit) zusammen. Wenn man es wörtlich übersetzen möchte, könnte man von der „Sprache der Sterne" oder besser von der „Sternenweisheit" sprechen.

Das wichtigste Grundwerkzeug für die Astrologie ist das Horoskop, ein weiteres Wort aus dem Griechischen, das am treffendsten mit „Stundenzeiger" übersetzt wird. Im Horoskop wird nach astronomischen Grundsätzen die Stellung der Gestirne im Augenblick der Geburt aufgezeichnet. Da es einige schnell laufende Planeten gibt, können manchmal wenige Minuten ein deutlich verändertes Horoskop ergeben. Es ist daher für eine eindeutige astrologische Deutung wichtig, möglichst genau die Geburtszeit zu ermitteln. Sollten Sie also demnächst Nachwuchs bekommen, versuchen Sie auch in der Aufregung der Geburt mit einem Auge auf die Uhr zu schauen. Sie werden später dafür dankbar sein – und Ihr Kind selbstverständlich auch!

Die Ursprünge

Die Anfänge der Astrologie verlieren sich im Dunkel der Geschichte. Zu allen Zeiten hat das sternenübersäte Himmelszelt die Menschen mit Ehrfurcht erfüllt. Viele Religionen haben sogar Gott oder die Götter am Sternenhimmel angesiedelt, denn die Menschen suchten stets nach einem „sichtbaren" Ausdruck dieser verborgenen Kräfte, von deren Wirken sie nichts wussten.

Die Babylonier, etwa im 4. Jahrtausend v. Chr., scheinen die Ersten gewesen zu sein, die sich die Frage stellten, ob die Bewegung der Gestirne möglicherweise eine verborgene Botschaft der Götter sein könnte. Also begannen sie, die Bewegung der Lichter am Sternenhimmel aufzuzeichnen – und sie stellten eine gewisse Regelmäßigkeit fest. Was lag also näher, als die Gesetzmäßigkeiten festzuhalten. So entstand der erste Kalender!

Die Ägypter, von deren tiefem Wissen heute nur noch die Pyramiden und einige alte Tempelruinen Zeugnis ablegen, waren historisch die Nächsten, etwa 2500 v. Chr., die sich in die Deutung der Gestirne vertieften. Sie kleideten ihr Wissen in Mythen und Sagen, aber die eingeweihten Priester vermochten diese zu deuten und ihren tiefen Sinn zu entschlüsseln. Zu jener Zeit war das astrologische Wissen nur wenigen Eingeweihten vorbehalten.

Wenn C. G. Jung, der große Psychologe, später diese Sternenweisheit als den „symbolischen Ausdruck für das innere, unbewusste Drama der Seele" bezeichnete, so fand er nur neue Worte für ein altes Wissen.

Nach den Ägyptern kamen die Griechen. Auch sie versuchten, die Beobachtung des Sternenhimmels zum Erkennen des Schicksals heranzuziehen. Die große griechische Kultur gab der Astrologie, wie auch der gesamten abendländischen Kultur, ihre im Wesentlichen heute noch gültige Form. Sie befinden sich also, wenn Sie die Astrologie ernst nehmen, in bester Gesellschaft!

Die Geburtsastrologie

Die Griechen waren es, die erkannten, dass auch die unregelmäßigen Vorgänge am Sternenhimmel, die scheinbar „unberechenbaren" Bewegungen der Gestirne, die den Babyloniern als „Omen" gegolten hatten, bestimmten Gesetzmäßigkeiten gehorchten und daher vorausberechenbar waren. Von diesem Augenblick an verlor die Anschauung, dass die Götter den Menschen so ein Zeichen geben wollten, ihre Anhänger. Die alten Sterndeuter begannen, eine individuelle Geburtsastrologie zu entwickeln.

Wichtig für das Verständnis der modernen Astrologie wurde in diesem Zusammenhang ein Satz von Thomas von Aquin: *„Die Sterne machen geneigt, aber sie zwingen nicht!"* Diese Erkenntnis setzte sich in weiten Kreisen allmählich durch und findet auch heute immer mehr Anhänger. Damit wird für den einzelnen Menschen deutlich, welche Bedeutung das astrologische Wissen für ihn besitzt. Es hilft ihm, Anlagen, Neigungen, Begabungen oder Talente zu erkennen und zu fördern. Gleichzeitig kann ihn die Astrologie auf Schwächen, Gefährdungen oder problematische Neigungen hinweisen. Immer aber bleibt es in der Verantwortung des einzelnen Menschen, sein Leben selbst in die Hand zu nehmen!

Die Tierkreiszeichen im Laufe eines Jahres

Der **Widder**, das erste Zeichen im Tierkreis, steht für den drangvollen, stürmischen Beginn des Frühlings. Da mit der Frühlings-Tagundnachtgleiche etwas Neues beginnt, setzten die Astrologen der Antike den Widder an die erste Stelle im Tierkreis. Der Winter wird kraftvoll vertrieben. Alles kommt natürlich viel zu früh. Die Krokusse stecken schon ihre Köpfchen durch die Erde, wenn noch Schneeflocken durch die Luft wirbeln. Aber so ist es ja immer beim Widder. Er ist nicht zu bremsen, und schließlich überwindet er ja auch Schnee und Eis und verhilft dem Frühling zum Durchbruch.

Dann kommt der **Stier** und bringt den Frühling in voller Pracht zum Ausdruck. Der „Wonnemonat" Mai beginnt. Es ist eine Zeit der Sinnlichkeit und der Hingabe. Menschen vertrauen einander, sind gutmütiger als normal; aber sie sind auch stärker materiell ausgerichtet. Alles wird etwas gelassener und langsamer.

Als Letzte im Frühling treffen wir die **Zwillinge**. Mit ihnen geht der maienhafte Frühling und die Baumblüte setzt ein. Die Verästelungen bilden sich und alles wird komplizierter. Die Zwillinge bringen zum Wachstum aber auch Zergliederung und Oberflächlichkeit.

Der **Krebs** kommt mit der Sommersonnenwende. Der Sommer beginnt. Die Tage sind am längsten, die Nächte nur kurz. Die Wachstumskräfte treten nach außen und die Samenbildung beginnt. Die Empfindsamkeit und die Empfindlichkeit nehmen zu, aber auch die Empfänglichkeit und das Schwankende. All dies werden Sie beim Sternzeichen Krebs wiederfinden!

Den **Löwen** finden wir in der Mitte des Sommers. Die Früchte werden reif und die Sonne durchglüht die Erde. Es ist die heißeste Zeit des Jahres und die Natur erstrahlt in sommerlicher Fülle. Herzens- und Willensmenschen sind jetzt in ihrem Element. Alles strotzt vor Selbstbewusstsein, Großzügigkeit und überschäumender Lebenskraft.

Mit der **Jungfrau** geht der Sommer zur Neige. Der Himmel ist strahlend klar und blau. Die Erntezeit beginnt. Die Natur stellt sich auf den Anfang eines neuen Lebenszyklus ein. Jetzt geht es um das Ordnen, Sichten und Unterscheiden. Eine sachliche Einstellung ist wichtig, um die Ernte wohlbehalten einzubringen. Es ist von entscheidender Bedeutung, vorsichtig vorzugehen. Man darf nicht zu früh und nicht zu spät ernten. In diesem Geschehen kann eine gewisse Ängstlichkeit heranwachsen.

Mit der **Waage** beginnt der Herbst. Tage und Nächte sind gleich lang. Die Winterhälfte des Jahres hält ihren Einzug. Noch halten sich sommerliche Wärme und winterliche Kälte das Gleichgewicht, und noch immer ist der Himmel hell und freundlich. Die Waage bringt zudem eine wahre Blumenpracht mit sich. Die Sonnenuntergänge zeigen ein herrliches Lichtspiel, und das Streben nach Harmonie ist besonders ausgeprägt. Ein großer Schaffensdrang steht in Konflikt mit mangelnder Durchsetzungskraft. Dafür finden wir bei der Waage ein feines Anpassungsvermögen.

Der **Skorpion** ist der „Todesmonat". Er bringt steigende Morgen- und Abendnebel. Das letzte Laub fällt von den Bäumen. Der Skorpion hinterlässt kahle Bäume; aber dennoch zeigen sich an einigen Ästen bereits wieder zarte Knospen. Es ist eine Zeit des Sterbens und Werdens. Der Skorpion ist zäh und ausdauernd. Er bringt alle Dinge schnell auf den Punkt. Bei ihm finden sich offene Aggressivität und leidenschaftliche Hingabe sowie ein grüblerischer Erkenntnistrieb.

Mit dem **Schützen** neigt sich der Herbst dem Ende zu. Der Winter sendet seine Vorboten über das Land. Der Todesschlaf der Natur kündigt sich bereits an. Die Dämmerungen bringen eine gewisse Schwermütigkeit; aber die Vorweihnachtszeit schenkt etwas Licht. Die Felder sind kahl und verlassen, die Beete abgeerntet und die Gärten leer. Die Stimmung des Schützen ist jedoch voller Idealismus, und deshalb haben es wohltätige Veranstaltungen in der Adventszeit leichter! Religion und Sinnsuche streben ihrem Höhepunkt zu.

Der **Steinbock** bringt das Weihnachtsfest und die Wintersonnenwende. Die längsten Nächte des Jahres sind zu überstehen. Das Licht kämpft mit der Finsternis, um neu ins Leben zu treten. In der Natur herrscht völlige Lebensstarre. Die Welt ist von Eis und Schnee bedeckt. Die Luft ist schneidend und klirrend kalt.

Der Steinbock kämpft sich jedoch mit unermüdlicher Beharrlichkeit durch. Wir finden zudem Entsagung, Konzentrationsfähigkeit und Sachlichkeit bei ihm, die allerdings mit Teilnahmslosigkeit und Hochmut einhergehen können.

Den **Wassermann** hat der Winter voll im Griff. Alles Leben ist unter Schnee und Eis verborgen. Am Tage kann die Wintersonne hell blenden, in der Nacht sind die Sterne klar zu erkennen. Es ist die kälteste Zeit des Jahres. Die weiße Schneedecke vermittelt ein Gefühl von Freiheit und Unbegrenztheit. Dem Wassermann sind gesellschaftliche Normen unwichtig; er lebt seinen totalen Freiheitstrieb.

Im Zeichen der **Fische** geht der Winter in den Frühling über. Die Fastenzeit beginnt und die Schneeschmelze setzt ein. Alles Erstarrte löst sich und alles Tote wird zu neuem Leben erweckt. Der Erdboden weicht auf und der menschliche Körper wird verwandelt. Im Zeichen der Fische kommt es auch zu den meisten Todesfällen! Die Fische neigen zudem zu einer Flucht aus der realen Welt. Unter den Fischen finden wir allerdings auch viele Gemütsmenschen mit echter Nächstenliebe.

Damit ist unsere kurze Wanderung durch die Tierkreiszeichen abgeschlossen und wir können uns jetzt genauer mit dem ersten Zeichen beschäftigen – dem Widder.

Grundsätzliches über den Widder

KAPITEL 1

Der Widder im Tierkreis

Das Zeichen

Der Widder ist ein Feuer-Zeichen. Er ist das erste Zeichen im Tierkreis und erstreckt sich im Kalenderjahr vom 21. März bis zum 20. April.

Das Zeichen und der Planet

Dem Widder ist der Planet Mars zugeordnet, benannt nach dem mythologischen Gott des Krieges.

Das Zeichen, Edelsteine und Metalle

Dem Widder werden der Diamant und das Metall Eisen zugeordnet.

Das Zeichen und seine Farbe

Für den Widder sind die Farben Rot oder Scharlachrot charakteristisch. Er wird naturgemäß die roten Töne bevorzugen; aber er kann leichter als andere auch rotsehen.

Das Zeichen und seine Tiere

Wie nicht anders zu erwarten war, gehören die Widder und die Schafe zum Tierkreiszeichen Widder. Es wird sich noch zeigen, auf welche Weise manche Eigenarten des Tieres Widder auch beim Sternzeichen Widder anzutreffen sind.

Der Widder und sein inneres Feuer

 Mit dem Kopf durch die Wand!

Der Widder ist überaus impulsiv und voller Spontanität. Ein Widder muss mit allen Mitteln seine Kraft einsetzen, sonst fühlt er sich unzufrieden. Da er ein sehr impulsiver Tatmensch ist, sollte er sich stets ein Ziel setzen, um seine Kräfte nicht sinnlos zu verpulvern.

Unbeständig wie ein Apriltag

Betrachten Sie das Wetter Ende März und im April, und Sie wissen etwas über den Widder. Es ist unbeständig, launisch und weiß nicht so recht, was es will. Eben noch schien die Sonne und plötzlich ziehen dunkle Gewitterwolken auf, die sich mit einem gewaltigen Schnee- oder Hagelschauer entladen. Das könnte Ihnen mit einem Widder auch widerfahren, wenn ihn der Jähzorn bei den Hörnern packt. Es ist also manchmal Vorsicht im Umgang mit dem Widder angesagt.

Der Dauerläufer

Die größte Schwäche, die der Widder mit sich herumträgt, ist sein großer Egoismus. Aber wer hat schon Zeit, auf die Befindlichkeit der anderen zu achten, wenn er im Dauerlauf durch das Leben braust. Auf seiner oft breiten Brust steht in großen Buchstaben ICH geschrieben. Nur wenn sich der Widder die Zeit nimmt, um einmal nach innen zu hören, wird er aufmerksam werden und kann mit seinem größten Problem umzugehen lernen.

Der Widder und seine Mitmenschen

Rette sich, wer kann

Der Widder überschreitet ständig alle Richtgeschwindigkeiten. Das gilt sowohl für das innere Tempo wie auch für den Straßenverkehr. Da kann es schon einmal passieren, dass er ein Verkehrszeichen überfährt. Der Widder hat es einfach übersehen – ganz ohne böse Absicht!

Der feurige Widder ist schnell für ein Projekt oder eine Idee entflammt, aber er muss es nicht immer zu einem guten Ende bringen. Es fehlt ihm leider an Durchhaltevermögen.

Der Widder lässt sich aber nicht beirren. Am Horizont leuchtet schon wieder ein neues Licht und der Widder ist erneut voller Begeisterung unterwegs.

Das Energie-Paket

Mit einem Widder ist das Leben einfach aufregender. Ganz sicher zählt er nicht zu den Langweilern im Tierkreis. Das Leben mit einem Widder steht niemals still, dazu steckt in ihm einfach zu viel Energie. Er liebt die Geselligkeit und feiert die Feste, wie sie fallen. Er wird auf einer Party kaum in der Ecke sitzen und auf die Zufallsbekanntschaft warten. Der Widder greift mitten hinein ins volle Leben. Dabei liebt er es, wenn die Menschen um ihn herum ebenfalls glücklich und bei guter Laune sind.

Der Ideengeber

Widder sind nicht selten Pioniere oder die sogenannten **Menschen der ersten Stunde**. Sie haben tausend Ideen, die allerdings nicht alle von gleicher Qualität sind. Doch nicht immer bemerkt der Widder dies.

Der Widder ist ein Motivationskünstler. Er ist so überzeugt von seinem Ziel und von seiner Sache, dass es ihm mühelos gelingt, andere Menschen mitzureißen. In einer Mannschaft sollte am besten ein Widder zum Mannschaftskapitän gewählt werden. Er wird das Team führen, motivieren und sich aufgrund der ihm übertragenen Aufgabe zu außerordentlichen Leistungen aufschwingen.

Wie lebt man mit einem Widder?

Jetzt komme ich!

Der Widder verfügt über eine solche Selbstsicherheit, dass er auf andere Menschen geradezu unantastbar wirkt. Wer weiß schon, ob sich unter dem harten Widder-Schädel eine feinfühlige Seele verbirgt?

Wenn der Widder in Schwierigkeiten gerät, wird er notfalls mit gesenktem Kopf zum Angriff übergehen. Auf diese Art und Weise entstehen kleine oder große Tyrannen oder skrupellose Machtmenschen.

Seine große Konfliktbereitschaft lässt ihn nicht selten als einen ausgesprochen störrischen Typen erscheinen.

Der Faire

Wenn der Widder seine gewaltigen Kräfte einsetzt, so wird er dies mit offenem Visier tun. Er neigt überhaupt nicht zur Hinterhältigkeit, sondern wird stets fair und den Regeln entsprechend kämpfen. Wenn er den Kampf allerdings gewonnen hat, was nicht selten vorkommt, so sollte allerdings am Ausgang der Arena jemand mit einem Siegerkranz auf ihn warten, um ihn gebührend zu feiern. Schließlich ist er ja nicht irgendwer, der Widder!

Der Widder und sein Lebensstil

Was der Widder gar nicht mag

Verpflichtungen jeglicher Art empfindet der Widder als das Gräuel schlechthin. Man sollte es daher tunlichst vermeiden, dem Widder mit einem bestimmten Anspruch zu begegnen. Der Konflikt ist vorprogrammiert.

Ein Vertrauensbruch ist für einen Widder eine sehr ernste Angelegenheit, die schon einmal zu einem gewaltigen Zornesausbruch führen kann.

Eine Freundschaft, die ihre erste Bewährungsprobe nicht bestanden hat, wird für den Widder wertlos und ein schnelles Ende haben.

Womit der Widder auch seine Probleme hat, ist die Dummheit anderer Leute. Sie ist das sprichwörtliche rote Tuch für ihn und kann ihn geradezu rasend machen.

Auch Kritik, vor allem natürlich an seiner Person, ist das Letzte, was ein Widder annehmbar findet. Wie kann man es wagen, **ihn** zu kritisieren!

Der Hilfsbereite

Wenn an die **Freiwilligkeit** des Widders appelliert wird, ist er zu großen Opfern bereit. Er wird jederzeit allen in Not geratenen Mitmenschen mit großer Tatkraft helfend zur Seite stehen. In diesen Fällen kennt seine Hilfsbereitschaft keine Grenzen.

Das Lebensmotto des Widders

Für den Widder ist das Prinzip *„leben und leben lassen"* von großer Bedeutung.

Er mischt sich in nichts ein, was ihn nichts angeht, aber er erwartet dieselbe Zurückhaltung auch von seinen Mitmenschen.

In allen wichtigen Fragen zeigt der Widder allerdings keine Kompromissbereitschaft. Sein zweites Lebensprinzip lautet daher: *„Alles oder nichts".*

In den Fragen des Alltags ist der Widder ein Realist. Er sieht die Lage mit einem aufmerksamen Blick, prüft die Situation und entscheidet dann schnell, welche die beste Lösung ist.

Der ewige Stenz

Der Widder wird nur schwer erwachsen. Er neigt sein Leben lang zu einer gewissen jugendlichen Unbekümmertheit, und noch dazu lernt er nur schwer aus seinen Fehlern. Es dauert sehr lange, bis sich ihm die Weisheit des Alters erschließt.

Wenn Sie einem Widder einen guten Ratschlag geben, seien Sie darauf gefasst, dass er ihn schnöde zurückweist. Wer will denn einem Widder erzählen, wie man etwas besser macht!

Der Naturmensch

Der Widder liebt es, durch die Natur zu streifen. Gerne verbringt er seine Zeit im Freien und alle Arten von körperlichen Ertüchtigungen in der freien Wildbahn finden seine Sympathie.

Der Gefahr ins Auge geblickt

Da der Widder das Risiko und die Gefahr liebt, wird er kaum Neigung zum Dominospiel oder zum Hallen-Jo-Jo zeigen. Er stürzt sich mit dem Fallschirm aus dreitausend Metern Höhe oder mit dem Gleitschirm von der Zugspitze herab. Keine Gefährdung der eigenen Gesundheit wird ihn abhalten, seinen wilden Neigungen zu frönen.

 Immer munter drauflos!

Der Widder und sein Lebensstil

Der Widder im Beruf

KAPITEL 2

Begabungen und Talente

Der Krisenmanager

Der Widder ist in der Regel stets Herr der Lage. Welche Schwierigkeiten eine Situation auch bieten mag, der Widder vermag sie zu bewältigen und wird auch in Krisensituationen überlegt und entschlossen handeln. Von seiner körperlichen Verfassung her ist er extrem belastbar und entwickelt gerade in schwierigen Lagen enorme Reserven. Manchmal scheint es geradezu, als benötige er die Herausforderung, um über sich hinauszuwachsen. Er liebt körperliche Anstrengungen, dann fühlt er sich gefordert und wahrhaft in seinem Element.

Der Organisator

In den Bereichen Planung und Organisation liegen die großen Begabungen des Widders. Er kann Menschen führen und selbst in das größte Chaos wieder eine ordnende Hand einbringen.

Wer eine große Veranstaltung durchführen möchte, sollte die Organisation möglichst einem Widder anvertrauen. Vielleicht geht es aber auch nur darum, den nächsten Kindergeburtstag so über die Runden zu bringen, dass es mit dem Streichen des Wohnzimmers abgeht und nicht gleich das ganze Haus renoviert werden muss. Auch hierfür ist der Widder der richtige Partner.

Der Erfinder

Da dem Widder die Ideen nur so zufliegen, scheint er geradezu aus dem Nichts zu schöpfen. Wenn die Katzen einen neuen Eingang ins Haus benötigen – der Widder findet den rechten Platz.

Wenn im Keller eine Sauna eingerichtet werden soll – am besten überträgt man die ganze Angelegenheit einem Widder.

Die Topfpflanzen lassen den Kopf hängen und die Rosen aus dem Blumenladen sehen schon am nächsten Morgen erbärmlich aus – kein Problem, wenn ein Widder im Haus ist. Er wird alles umtopfen und die Rosen so lange beschneiden, wässern und ihnen gut zureden, bis sie zu neuem Leben erwachen.

Ihm fällt immer etwas ein

Wenn die Stimmung bei der Geburtstagsparty oder dem Faschingsfest auf dem Tiefpunkt gelandet ist, dann bleibt nur zu hoffen, dass wenigstens ein Widder unter den Gästen ist. Er wird die Stimmung heben und sich das richtige Spielchen einfallen lassen, um auch die letzte Tropfnase in Schwung zu bringen.

Der unermüdliche Arbeiter

Wenn in der Firma der Stress-Faktor auf 100 klettert, weil am nächsten Morgen die Messe-Präsentation fertiggestellt sein muss oder das Computerprogramm absolut keinen Fehler mehr aufweisen darf, dann könnte der Widder die Lage retten.

Er wird, ohne auch nur eine Spur von Müdigkeit zu zeigen, vierundzwanzig Stunden im Einsatz sein, um am nächsten Morgen, allerdings nicht ohne den unvermeidlichen Stolz, seine fertige Arbeit vorzuführen. Wohl dem Chef, der auf einen solchen Mitarbeiter oder eine solche Mitarbeiterin zurückgreifen kann.

Der Widder ist nicht selten die Zierde der Firma, und ein solches Arbeitstier sollte unter allen Umständen gehalten werden. Wenn der Widder zur Konkurrenz wechselt, kann das verheerende Folgen für die eigenen Umsatzzahlen haben.

Langeweile ist tödlich

Geben Sie dem Widder keine Arbeit, die zu eintönig ist. Dies ist der schnellste Weg, um ihn aus dem Betrieb zu graulen. Er wird es hassen, irgendwelche eintönigen Wiederholungstätigkeiten abzuwickeln.

Wo bleibt denn da seine Kreativität?! Das Zusammenzählen von endlosen Zahlenkolonnen sollten Sie einem anderen Mitarbeiter übertragen, Ihr Widder wird es Ihnen danken.

Vielleicht haben Sie ja schon immer den richtigen Mann für den Außendienst gesucht. Der Widder könnte es sein. Er wird nicht müde, auch wenn er schon zehn Stunden hinter dem Steuer gesessen hat. Die körperliche Anforderung ist gerade die richtige Herausforderung für seinen kräftigen Körper.

> *Belastung bringt den Widder nicht um, sondern spornt ihn an.*

Der Spekulant

Der Widder kann gut mit Geld umgehen. Bei allen Anlagefragen ist der Widder ein guter Ratgeber. Er wird Sie sorgfältig beraten und immer Ihre individuelle Situation im Auge behalten. Er wird Ihnen keine Villa anzudrehen versuchen, wenn es im Augenblick nur zu einer kleinen Mietwohnung reicht. Seine Fairness macht ihn auch zu einem angenehmen Geschäftspartner. Er wird seinen Vorteil nicht aus den Augen verlieren, aber er wird ihn nicht zu Ihren Lasten suchen. Das ermöglicht es dem Widder, immer wieder neue Geschäftskontakte zu knüpfen und diese zudem für beide Seiten erfolgreich abzuschließen.

Der Börsianer

Die Börse reizt den Widder aus zwei Gründen. Zum einen ist er ein leidenschaftlicher Spekulant, zum anderen liebt er das Risiko. Die Aussicht, schnell viel Geld zu machen, zieht ihn magisch an. Die Gefahr, es ebenso schnell auch zu verlieren, verdrängt er meisterhaft. Erstaunlicherweise steht dem Widder das Glück meistens zur Seite.

Wenn Sie schon unbedingt Ihre sauer ersparten Moneten an der Börse investieren wollen, dann lassen Sie die Geschäfte einen Widder in die Hand nehmen. Das reduziert zumindest das Risiko, dass Sie nach einigen Wochen Sozialhilfe beantragen müssen.

Das Allroundtalent

Der Widder besitzt eine Fülle von Interessen. Da er über eine rasche Aufnahmefähigkeit verfügt, prägen sich ihm schnell viele verschiedene Eindrücke ein. Er setzt diese Impulse in Arbeitskraft um und ist daher in vielen verschiedenen Bereichen erfolgreich einzusetzen.

Seine natürliche Neugier hält ihn wachsam, um immer zu spüren, wo ein erfolgreicher neuer Schachzug zu beginnen ist.

Was lange währt …

Der Widder hat häufig Schwierigkeiten mit dem Durchhaltevermögen. Er ist schnell begeistert für ein Projekt, aber wenn die ersten Phasen von Langeweile auftreten, schmeißt er manchmal alles hin und sucht sich eine neue Herausforderung.

So ist es nicht ungewöhnlich, wenn ein Widder mehrere Anläufe benötigt, um endlich den richtigen Job zu finden. Dann stürzt er sich aber mit einem wahren Feuereifer in die Arbeit!

Hansdampf in allen Gassen

Wenn sich der Widder in der Firma bewährt hat, kann man ihm ruhig verschiedene Bereiche anvertrauen. Er verfügt über die Kraft und die Begabung, verschiedene Jobs miteinander zu verbinden. Vielleicht übernimmt er neben seiner Arbeit auch noch die Betriebssportgruppe. Und diese wird unter seiner Führung einen rasanten Aufschwung erleben!

Abneigungen

Der Überflieger

Es ist ein bekanntes Phänomen in einer Arbeitsgruppe, dass es Teilnehmer gibt, die ständig neue Ideen und Projekte entwickeln, aber selten eines zu einem guten Abschluss bringen. Der Widder zählt zu dieser Gruppe. Er ist laufend damit beschäftigt, neuen Ideen nachzujagen und alternative Projekte ins Spiel zu bringen. Den Job der Arbeitsbiene können gefälligst andere erledigen. Der Widder ist zu Höherem berufen, wie immer das auch aussehen mag.

Dabei wird der Widder zweifellos viele gute Impulse in seine Arbeitswelt einbringen; nur die endgültige Abwicklung überlässt er doch lieber anderen. Abgesehen von den schon genannten Situationen, in denen es darum geht, mit allen Kräften, auch mit Nachtarbeit, ein bestimmtes Einzelprojekt zu bewältigen. Hier sind der Widder und sein Ehrgeiz sowie seine Kampfkraft gefordert, und hier wird er seinen Mann oder seine Frau stehen – komme, was da wolle.

Einen Widder übersieht man nicht

Wenn Ihre Kollegin oder Ihr Kollege ein Widder ist, sollten Sie das unbedingt zur Kenntnis nehmen. Es empfiehlt sich, um des guten Arbeitsklimas willen, einen Widder nicht zu übersehen. Er könnte es Ihnen verübeln.

Wenn Sie selbst ein Widder sind, sollten Sie vielleicht darauf achten, dass es außer Ihnen noch andere Kollegen und Kolleginnen geben könnte, die ebenfalls ihr Handwerk verstehen.

Der Besser-Widder

Wenn es den klassischen Besserwisser unter den Arbeitskollegen gibt, dann stehen die Chancen nicht schlecht, dass er ein Widder ist. Auch wenn Sie ihn nicht um seine Meinung gefragt haben, er wird keine Gelegenheit versäumen, um sie Ihnen mitzuteilen.

Sollten Sie den Fehler begehen, dem Widder an Ihrer Seite deutlich zu verstehen zu geben, dass Sie nicht den geringsten Wert auf seine Meinung legen, könnte das die Atmosphäre im Büro nachhaltig verschlechtern. Auf eine derartige Missachtung seiner Person reagiert der Widder in der Regel mit ausgesprochener Übellaunigkeit.

Der Widder als Boss

Wenn Ihr Chef ein Widder ist, sollten Sie unbedingt vermeiden, für ein **faules Stück** gehalten zu werden. Nichts hasst der Widder-Chef mehr als Mitarbeiter, die auf der faulen Haut liegen; schließlich zahlt er sie mit seinem Geld.

Zumindest sollten Sie mit allen Mitteln versuchen, sich den Anschein der vollständigen Überlastung zu geben. Hier könnte die natürliche Arbeitswut des Widders dazu führen, einen Teil von Ihrer Arbeit gleich selbst zu übernehmen. Das beinhaltet natürlich die Gefahr, dass Ihr Trick auffliegt. Es ist also in jedem Falle höchste Vorsicht geboten!

Die Perle der Firma

Wenn der Widder-Chef nichts mehr hasst als faule Mitarbeiter, so gilt umgekehrt auch, dass der Widder als Mitarbeiter nichts mehr hasst als unmotivierte Chefs. Wenn diese dann auch noch ständig das Sagen haben wollen und ihn mit unfähigen Anweisungen ärgern, dann ist es mit seiner guten Laune aus.

Sollte sein Chef dann auch noch vergessen, ihn für seinen überragenden Einfall zum Nutzen der Firma zu loben, wird er sich bald nach einem neuen Arbeitgeber umschauen.

Er empfindet sich als die Perle der Firma, und wenn er schon seine ganze Arbeitskraft zum Wohle des Unternehmens verausgabt, dann sollte das doch wohl auch von seinem Boss anerkannt werden.

Der Widder braucht Spielraum

Der Widder muss sich entfalten können. Jede Einschränkung eines Arbeitsgebietes ist ihm äußerst unangenehm. Sollten Sie ihm versehentlich ein Stück zu nahe gekommen sein, könnte das zu ungeahnten Ärgernissen führen.

Auch wird er sich sehr in der Entfaltung seiner schöpferischen Kräfte behindert fühlen, wenn die Finanzmittel der Firma knapper werden und er nicht mehr schalten und walten kann, wie er will. Der Widder braucht seinen Spielraum, damit er sich entfalten kann.

Legen Sie ihm keine vorgefertigten Pläne vor, er wird sie schlichtweg missachten. Schließlich weiß er selbst am besten, wie die Probleme der Firma zu lösen sind. Lassen Sie ihn also machen, meistens kommt etwas Vernünftiges dabei heraus.

Bleistifte und Radiergummis

Sollte der Haushalt Ihrer Abteilung am Jahresende noch nicht aufgebraucht sein, bestellen Sie notfalls ein paar Dutzend Kugelschreiber, Lineale oder Bürolampen; denn sollte der Etat des Widders im nächsten Jahr gekürzt werden, würde er dies als eine persönliche Kränkung empfinden. Schließlich ist seine Abteilung von außerordentlicher Wichtigkeit und eine der erfolgreichsten im ganzen Unternehmen.

Der Kreative

Der Widder verabscheut Einseitigkeit. Wenn ihm seine Tätigkeit zu langweilig wird, gibt es nichts Wichtigeres für ihn, als ganz schnell eine neue Herausforderung zu suchen. Sein wacher Geist benötigt Abwechslung und neue Perspektiven.

Setzen Sie Ihren Widder an ein neues Projekt und er wird es Ihnen danken. Zumindest wird er Unruhe in eingefahrene Bahnen bringen, und das allein kann ja manchmal schon Wunder bewirken.

Wenn eine Abteilung zu schläfrig geworden ist, kann ein neu hinzugekommener Widder an ihrer Spitze ungeahnte neue Kräfte freisetzen.

Vorgesetzte und Mitarbeiter

Die natürliche Autorität

Wenn es einmal eine statistische Auswertung aller Führungspositionen in Wirtschaft, Politik oder Kultur geben sollte, dann spricht viel dafür, dass der Widder ganz oben in der Statistik geführt wird.

Der Widder ist mit einer natürlichen Autorität ausgestattet, die ihn immer „Widder" auf den Chefsessel eines Unternehmens oder Verbandes führen wird. Vielleicht ist der Widder auch „nur" der 1. Vorsitzende des Taubenzüchter-Verbandes, was nicht unbedingt zu verachten ist.

Nicht im Regen stehen

Man mag den Widder in Vielem kritisieren, aber als Chef steht er zu seinen Mitarbeitern. Er wird sie in der Regel, Faulheit ausgenommen, zuvorkommend und freundlich behandeln, und wenn sie einmal mit eigenen persönlichen Problemen zu kämpfen haben, wird er sie nicht im Regen stehen lassen. Er ist menschlich ein anständiger Charakter mit einem Herz für die Nöte seiner Untergebenen.

Wenn Sie einmal Kummer haben, fassen Sie sich ein Herz und vertrauen sich Ihrem Widder-Chef an. In den meisten Fällen werden Sie nicht enttäuscht werden.

Die Führungskraft

Der Chef eines Widders sollte mit herausragenden Fähigkeiten ausgestattet sein, damit er ihn als den Stärkeren anerkennen kann. Hier kommt eine Art Rudelverhalten zum Ausdruck, wo das stärkste Leittier der Herde die unumstrittene Autorität ist – bis ein stärkerer Widder sie ihm streitig macht.

Wenn der Widder seinen Chef anerkannt hat, wird er ihm als eifriger Gefolgsmann zur Seite stehen und seine Führungsrolle akzeptieren. Allerdings geht seine Loyalität nicht so weit, dass er sich seine eigenen Freiräume, die er einfach zum Leben benötigt, beschneiden lässt.

 Da hat selbst die dickste Nibelungentreue ein Ende!

Der Ehrgeizige

Der Widder wird sich selten mit Platz 2 zufriedengeben. Er will der Beste sein! Auch in seiner beruflichen Karriere wird er die oberste Sprosse der Leiter anpeilen.

Wenn Sie mit mehreren Kollegen und Kolleginnen um die Besetzung eines neuen, besser bezahlten Postens wetteifern, beachten Sie besonders den oder die Widder in Ihrer Umgebung. Sie werden Ihre ernsthaftesten Konkurrenten sein; denn der Ehrgeiz wird den Widder zu verstärktem Einsatz und zur Entfaltung seiner beträchtlichen kreativen Fähigkeiten anstacheln.

Der diplomatische Fehlschlag

Sollte es in einer Krisenregion um eine heikle Mission gehen, bleibt nur zu hoffen, dass die Delegation keine Widder zu ihren Mitgliedern zählt. Es könnte Krieg geben! Nicht umsonst regiert der Kriegsgott Mars das Sternzeichen Widder.

Der Widder ist alles, nur nicht diplomatisch. Er könnte, wenn er gereizt wird, seinem Gegenüber wirklich sagen, was er von ihm hält. Die Auswirkungen eines solchen Temperamentsausbruches sind dem Widder in diesem Augenblick vollkommen egal. Es muss jetzt einfach aus ihm raus! Die versteckte Diplomatie, das unausgesprochene, nur angedeutete Wort, die Botschaft hinter dem Gesagten, dies alles ist nicht die Sache des Widders. Er ist viel zu spontan und direkt, um sich auf solche diplomatischen Spielereien einzulassen.

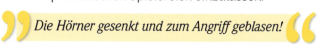

Die Hörner gesenkt und zum Angriff geblasen!

Ruhe bewahren

Wenn Sie mit einem Widder verhandeln müssen, gilt vor allem eine Devise: Immer die Ruhe bewahren. Selbst wenn der Widder laut und ausfällig wird, muss das noch lange nicht bedeuten, dass die Verhandlungen gescheitert sind. Er möchte Ihnen nur auf seine unnachahmliche Art mitteilen, dass er Ihren Vorschlag für unpassend hält.

Wechseln Sie also die Strategie, lassen Sie den Widder wissen, wie sehr Sie ihn als Verhandlungspartner schätzen, und bringen Sie den gleichen Vorschlag leicht verändert vor. Sie werden sehen, wie viel leichter die Sache jetzt wird.

Selbstständigkeit

Der Pilot

Der Widder liebt seine Unabhängigkeit und seine Freiräume. Wo findet er größere Freiräume als in den Lüften? Leider gilt es, einige Vorschriften der modernen Luftfahrt und der Aufsichtsbehörden zu beachten; aber damit kann er sich gerade noch anfreunden. Wenn er dann aber über den Wolken dahinschwebt, fühlt er sich wahrhaft frei und ungebunden.

Der Bergführer

Wenn der Berg ruft, sind Sie nicht schlecht beraten, wenn Ihr Bergführer ein Widder ist. Er besitzt nicht nur eine ungeheure Zähigkeit und Ausdauer, er verfügt auch über ein gutes Einschätzungsvermögen bei Gefahrensituationen. Sollte eine unerwartete Situation am Berg eintreten, wird ein Widder sie am ehesten zu meistern wissen. Und sollten Sie wirklich einmal abstürzen, können Sie darauf vertrauen, dass der Widder Sie notfalls auf seinen Schultern in die rettende Berghütte schleppen wird.

Der grüne Daumen

Es gibt Menschen, die einen ausgesprochen guten Draht zu Mutter Erde und ihren Erzeugnissen haben. Der Widder gehört ohne Zweifel zu ihnen. Als Landwirt oder Gärtner wird er ausgesprochen erfolgreich sein. Er verfügt über einen tiefen Bezug zur Natur und hört in gewissem Sinne das Gras wachsen.

Wenn Sie jemanden mit seinen Blumen sprechen hören, wundern Sie sich nicht: es könnte ein Widder sein, der sich mit seinen **„Kindern"** unterhält. Schauen Sie ihm bei der Arbeit zu. Sie werden sehen, seine Methode ist außerordentlich erfolgreich. Er ist ebenso unkompliziert wie einfallsreich.

Der Einfühlsame

Obwohl es auf den ersten Blick ungewöhnlich erscheinen mag, der Widder ist aber auch ein guter Psychologe oder Psychiater. Da er nicht emotional untergehen wird im Leid oder Elend seiner Patienten, vermag er aus der ruhigen Distanz wertvolle Ratschläge zu geben. Er kann sich, trotz seiner eigenen Impulsivität, in die Probleme anderer Menschen versetzen und ihnen hilfreiche Hinweise geben, wie sie ihre Schwierigkeiten schnell und langfristig überwinden können.

Der Sterndeuter

Der Widder ist der Astrologie sehr zugeneigt. Vielleicht ist es die Weite des Kosmos, die ihn anspricht, oder die Faszination am Unbekannten, die ihn lockt. Der Widder ist ein guter Mathematiker, und die rechnerische Seite der Astrologie bereitet ihm keine Mühe. Dazu verfügt er über ein gehöriges Maß an Intuition, die ihm hilft, auch schwierige Konstellationen richtig zu deuten. Seine Sachlichkeit und Erdverbundenheit bieten die Gewähr, dass er nicht abhebt, sondern mit allen vier Hufen die Verbindung zur Erde behält. So kann er zu einem klugen Ratgeber werden.

Die Wissenschaft

Sachliches Arbeiten und wissenschaftliches Analysieren liegen dem Widder. Er ist äußerst interessiert an neuen Erkenntnissen und neuen Ideen in der Wissenschaft. Er wird keine Schwierigkeiten haben, alte Zöpfe abzuschneiden und neuen Einsichten zum Durchbruch zu verhelfen. Die einzige Schwierigkeit bei einer wissenschaftlichen Karriere könnte darin liegen, dass es ihm an Beharrlichkeit fehlt, lange Zeit an einem Problem zu forschen, bis sich die Antwort ergibt. Dem Widder fallen eher die genialen Erfindungen zu, die aus der Inspiration des Augenblicks entstanden sind.

Der Assistent

Ohne einen guten Mitarbeiter, der dem selbstständigen Widder als „getreuer Eckehart" zur Seite steht, kann er kaum erfolgreich sein. Dieser muss stets hinter ihm herräumen, seine angefangenen Projekte zu einem guten Ende bringen und die unerledigte Korrespondenz beantworten.

Wenn diese treue Seele an der Seite des Widders fehlt, bleibt nur zu hoffen, dass der Widder in seiner akrobatischen Selbstständigkeit seine eigene Disziplin schult, um sich so an den eigenen Hörnern aus dem möglicherweise angerichteten Chaos zu befreien.

Da der Widder jedoch sehr tatkräftig ist und ihm die guten Ideen nie ausgehen, hat er alle Chancen, auf eigenen Hufen den Weg in eine erfolgreiche Selbstständigkeit einzuschlagen.

Der Widder und die Liebe

KAPITEL 3

Der feurige Liebhaber und die Ungezähmte

Leidenschaft und Laune

Der Widder ist leidenschaftlich und temperamentvoll. Er verliebt sich und er entliebt sich, und alles mit enormem Tempo. Der Widder ist als Liebhaber und als Geliebte stets anregend und amüsant. Mit einem Widder-Mann oder einer Widder-Frau ist es nie langweilig. Beide sind keine Kinder von Traurigkeit. In seinem Überschwang reißt der Widder seinen Partner oder seine Partnerin mit, ob sie wollen oder nicht. Er wird selten eine untergeordnete Rolle in einer Beziehung spielen. Der Widder dominiert und gibt die Richtung an.

Wenn ein ohnehin dominanter Ehemann auch noch starke Widder-Qualitäten zum Ausdruck bringt, kann es für eine sanftmütige Partnerin sehr, sehr schwer werden.

Aber immer gilt es, dass alle Beziehungen Möglichkeiten zum geistigen Wachstum bieten. Ein Widder stellt daher in jeder Beziehung eine Herausforderung dar, aber auch eine Chance zur Selbstständigkeit.

Der Widder und die Unabhängigkeit

Der Widder benötigt einen Partner, der ihn unterstützt, der ihm hilft, seine vielen Fähigkeiten zu entfalten, und der gleichzeitig seinen riesigen Freiraum achtet, den er für sein Leben braucht. Es gibt nichts Schlimmeres für einen Widder als das bedrückende Gefühl von Eingeengtsein in einer Beziehung.

Traute Zweisamkeit

Wer eine sanfte Beziehung in trauter Zweisamkeit sucht, sollte es sich sehr gut überlegen, ob er mit einem Widder anbandelt. Der Widder pflegt so viele Aktivitäten, dass die traute Zweisamkeit dabei möglicherweise zu kurz kommt.

Wenn der Widder nach einer romantischen Liebesstunde noch immer vor Vitalität strotzt und sich ins Fitnessstudio begibt, sollte dies sein Partner nicht persönlich nehmen. Es ist nicht gegen ihn gerichtet, es spricht eher für die unerschöpflichen Kraftreserven des Widders.

Der Punching-Ball

Wenn es mit einem Widder Krach gegeben hat, sollte er am besten durch gemeinsame Kraftanstrengung überwunden werden. In der geräumigen Widder-Wohnung findet sich vielleicht Platz für einen Punching-Ball und es gibt keine bessere Chance, um sich mit einem Widder zu versöhnen, als gemeinsam mit ihm auf diesen armen Ball einzuhauen. Dabei werden ungeheure Spannungen gelöst, und was aus der frei gewordenen Energie noch alles entsteht – wer kann das vorhersagen?

Der Poet

Man möchte es nicht glauben, aber der feurige Widder besitzt auch eine sanfte Seite. Wenn ihn Amors Pfeil wirklich getroffen hat, vermag auch der Widder seine poetische Seite zu entdecken. Er wird zum Romantiker und teilt ihm oder ihr seine Gefühle in verträumten Versen mit. Womit wieder einmal bewiesen ist, dass auch in einer ganz rauen Schale ein weicher Kern steckt.

Und was gibt es Schöneres, als das schwache Moment in einem Starken zu erkennen. Genießen Sie es, aber schweigen Sie darüber.

Du bist mein

Der Widder ist überaus besitzergreifend. Obwohl er selbst seine Freiheit über alles liebt, ist er nicht immer bereit, sie dem geliebten Menschen auch einzuräumen. Was für ihn gilt, muss ja noch lange nicht für alle anderen auch gelten.

Wenn er sich nun doch entschließt, sich in das Abenteuer einer Ehe oder einer engen Bindung zu stürzen, so geschieht dies in der Regel meist unerwartet und der Antrag kann dann sehr plötzlich kommen.

Wenn der Widder aber eine Bindung eingegangen ist, betrachtet er seinen Partner oder seine Partnerin als seinen Besitz. Er wird sie beschützen, denn er oder sie ist auch sein Eigentum geworden.

Da sich die Zeiten aber geändert haben, liegt in diesem Verhalten des Widders mancher Zündstoff in einer Beziehung vergraben.

Die Ungezähmte

Der Widder-Mann, aber im gleichen Maße auch die Widder-Frau, bleibt ungezähmt. In Alltagsdingen wie im Liebesleben gehen sie ihren eigenen Weg.

Der Widder wird vom Mars regiert und der kriegerische Gott beherrscht stets das Denken und Handeln des Widders.

Er lässt sich ungern helfen, auch nicht in Liebesangelegenheiten, da er dies als Zeichen von Schwäche empfindet. Wenn es sich manchmal aber doch nicht vermeiden lässt, so zeigen die Widder beiderlei Geschlechts eine fast kindliche Dankbarkeit, wenngleich in ihren Herzen dennoch ein Gefühl von Schlappheit und Versagen nagt, das sie sich nur schwer verzeihen können.

Der abenteuerlustige Widder

Der Unbekümmerte

Ein echter Widder wird einem kleinen Abenteuer nie abgeneigt sein. Es kann allerdings vorkommen, dass ihn am nächsten Morgen der Katzenjammer packt und er seine Spontanität am Vorabend bereut. Dazu ist es dann allerdings zu spät.

Die allzu impulsive Vorgehensweise des Widders wird aber solche Situationen kaum vermeiden können.

Er liebt die neue Erfahrung und die Begegnung mit dem Unbekannten.

Fünf Minuten sind zu viel

Lassen Sie einen Widder niemals warten, er wird es Ihnen aus zwei Gründen nicht verzeihen. Erstens lassen Sie ihn damit wissen, dass er oder sie nicht der wichtigste Mensch in Ihrem Leben ist, was allein schon unverzeihlich ist, und zweitens hält die Ungeduld des Widders die Warterei einfach nicht aus.

Wenn Sie möglicherweise gar nicht auftauchen sollten, kann es Ihnen passieren, dass er sich in Zukunft überhaupt nicht mehr blicken lässt. Ein solches Verhalten sollten Sie daher tunlichst vermeiden!

Der Widder zeigt Hörner

Der Widder zählt nicht gerade zu den Beherrschtesten unter den Vertretern der Tierkreiszeichen. Es bietet sich daher – schon aus eigenem Interesse – an, einen Widder nicht zu reizen. Wenn er erst einmal den Kopf senkt und die Hörner vorstreckt, stehen handfeste Auseinandersetzungen an. Dann müssen am nächsten Morgen unter Umständen die Scherben aufgefegt oder die Rotweinflecken auf der Seidentapete entfernt werden.

Noch schlimmer wird es, wenn Sie Ihrem Widder Hörner aufsetzen. Das kann sein Stolz nun überhaupt nicht vertragen und der Ärger, wenn er es schließlich herausfindet, wird beträchtlich sein. Es gilt daher, seine kleinen Geheimnisse vor einem Widder besonders gut zu hüten.

Der gute Freund

Ein Widder wird für einen guten Freund durchs Feuer gehen. Wenn er Ihnen seine Freundschaft geschenkt hat, gibt es kaum einen Zuverlässigeren. Da er selbst ein Feuer-Zeichen ist, wird ihm auch kein Höllenfeuer und keine Gefahr zu groß sein, um sich für Sie in die Bresche zu werfen. Ganz im Gegenteil, je heißer die Sache ist, desto mehr fühlt er sich in seinem Element.

Vertrauen Sie ihm Haus, Hof und Kind an, er wird sie verteidigen wie seinen Augapfel. Eher schmort er sich ein Horn an, als den ihm zugewiesenen Kampfplatz zu verlassen!

Der Herausforderer

Das Leben mit einem Widder ist ein Abenteuer und zugleich eine Herausforderung. Es kann sein, dass er seinen Partner oder seine Partnerin total dominiert; dann wird es unangenehm mit ihm. Besser wäre es, wenn es sich in der Beziehung um ein gesundes Kräftemessen handelt. Dies wird nicht nur dem Widder gefallen, es bietet auch für seinen Partner die Möglichkeit, an der Herausforderung zu wachsen und für sich selbst neue Horizonte zu erschließen. Hat sich der Widder der Herausforderung gestellt und für einen Menschen entschieden, so bleibt er ihm, wenigstens im Herzen, immer treu; zumindest solange ihm sein Gegenüber mit Aufrichtigkeit begegnet.

 Achten Sie diese Treue im Herzen nicht zu gering, sie kann ein großes Geschenk sein!

Ein ernstes Wort unter vier Augen

Wenn es in einer Beziehung einmal nötig wird, den Partner mit einigen unangenehmen Tatsachen zu konfrontieren, so sollte dies, zumindest mit einem Widder, nur unter vier Augen geschehen. Stellen Sie einen Widder nie vor versammelter Mannschaft zur Rede, es könnte sonst seinen Stolz außerordentlich kränken. In diesem Falle würden Sie den Widder von seiner trotzigsten Seite kennenlernen. Was wahrlich kein Vergnügen ist!

Ein entscheidender Fehler wäre es auch, sich über den Widder vor anderen lustig zu machen. In dieser Hinsicht versteht der sonst durchaus humorvolle Widder leider überhaupt keinen Spaß. Da steht er sich leider selbst etwas im Wege und das sollten Sie als Partner oder Partnerin nie aus den Augen verlieren!

Alles oder nichts

Der Widder stürzt sich mit voller Energie und seiner ganzen Persönlichkeit in die Liebe. Er will sie in vollen Zügen erleben und genießen. Er gibt sich ganz und er will den anderen ebenfalls ganz besitzen. In dieser Hinsicht kennt er keine Kompromisse.

Er wird in einer Beziehung auch kaum an zweiter Stelle stehen wollen, und schon gar nicht wird der Widder das fünfte Rad am Wagen spielen. Er ist die Nummer 1. Er wird Sie dies unmissverständlich wissen lassen, und wenn Sie klug sind, zeigen Sie ihm, dass Sie das Spiel mitspielen. Der Titel des Spieles lautet: Alles oder nichts.

Der Widder-Mann

Der leidenschaftliche Liebhaber

Der Widder ist der ewig jugendliche, leidenschaftliche Liebhaber. Zumindest glaubt er es von sich. Er verfügt über eine ausgeprägte Sinnlichkeit, die ihn außerdem mit allerlei ausgefallenen Ideen beschenkt, sodass eine Liebesbeziehung mit ihm nie langweilig wird. Seine ausgefallenen Ideen stellen somit immer wieder eine Herausforderung dar.

Es fällt dem Widder schwer, seine Abenteuerlust im Zaum zu halten, was durch sein nur schwach ausgeprägtes Pflichtgefühl nicht gerade verbessert wird. Er verliebt sich halt gar zu gern! Vergessen Sie auch nicht, der Widder wird vom Mars regiert, und der Kriegsgott strotzt vor Vitalität und Potenz. „Schaut her, wer könnte der Nächste (die Nächste) sein?"

One-Night-Stand

Für den Widder ist der „One-Night-Stand" kein Fremdwort. Er genießt ihn und zieht weiter. Anders dürfte es für seine Partnerin sein: Die feurige Nacht mit einem Widder wird sich einprägen. Er ist nicht ein Mann wie irgendein anderer.

Auch wenn der Widder sich gerne mit Feuereifer in einen Flirt stürzt, so ist ihm eine seichte Oberflächlichkeit bei seiner Partnerin doch verhasst. Er will stets eine Beziehung mit Niveau, auch wenn sie nur vierundzwanzig Stunden dauert. Ein Widder liebt standesgemäß, was immer das auch für ein **Stand** sein mag.

Der Gentleman mit Schönheitsfehlern

Der Widder kennt seine kleinen Fehler, aber sie sind ihm nicht wichtig. Trotzdem bleibt er ein Gentleman, der die Herausforderung sucht. Er liebt die Unnachgiebige, die ihn zur Eroberung reizt. Er sucht mit aller Macht den Widerstand, an dem er sich messen, seine Hörner reiben kann. Was für ein Triumphgefühl für den Widder, wenn die Bastion endlich gefallen ist. Er wird mit stolz erhobenem Haupt daherschreiten. Um die Prüde schlägt der Widder einen Bogen. Ihm gelüstet es nach dem sinnlichen Frauentyp, mit dem das Abenteuer zum Festmahl wird!

Selbstbehauptung ist angesagt

Wer auch immer sich in einen Widder verliebt, sollte möglichst umgehend einen Abendkurs in Psychologie und Diplomatie belegen. Nur wenn Sie alle Register des menschlichen Zusammenlebens ziehen können, wird es Ihnen gelingen, mit Ihrem Widder in eine gleichberechtigte Partnerschaft hineinzuwachsen.

Setzen Sie behutsam Ihre eigenen Ansprüche durch, aber geben Sie Ihrem Widder immer das Gefühl, dass seine Wünsche bei Ihnen genügend Beachtung finden. Dies ist die Grundvoraussetzung.

Wenn es Ihnen gelingt, sich selbst in der Beziehung mit einem Widder-Mann zu behaupten und Sie ihm trotzdem alle Freiheit gewähren können, die er für sich benötigt, dann steht Ihnen eine wundervolle Partnerschaft bevor. Es mag sein, dass dies ein langer Prozess ist; aber er könnte es wert sein!

Eifersüchtig wie kein Zweiter

Sollte seine Partnerin jemals auf den Gedanken kommen, den Widder vorsätzlich eifersüchtig zu machen, so genügt für ihn allein schon der Gedanke, er könne sie händchenhaltend im Park treffen, um ihn rasend zu machen. Für den Widder macht es keinen großen Unterschied, ob die Eifersucht eingebildet oder begründet ist. Eifersucht ist schlicht und einfach das rote Tuch.

Beim Widder-Mann ist das Thema Eifersucht zu beachten. Hier ist für seine Partnerin höchste Vorsicht geboten. Jeder Schritt sollte gut überlegt sein und voreilige Handlungen bleiben besser unterlassen.

Auch unlautere Mittel, wie die erfundene Freundin oder die vorgetäuschte Geschäftsreise, sind beim Widder einfach nicht erlaubt. Die Auswirkungen, wenn er das Spiel durchschaut, könnten verheerend sein!

Meine Partnerin ist die Schönste

Alle Widder-Männer lieben es, auf ihre Frau stolz zu sein. Schließlich fällt ihr Glanz ja auch auf sie ab!

Bevorzugt erfreut sie allerdings die gute Gastgeberin, die brillante Köchin, die liebevolle Mutter oder einfach die elegante Erscheinung.

Schwieriger wird es schon mit der erfolgreichen Karriere-Frau. Hier kommt wieder ihr gekränkter Stolz ins Spiel. Wenn die Widder-Partnerin erfolgreicher als ihr Widder-Mann ist, kann es zu Spannungen kommen. Der Widder kann eben nicht aus seiner Haut!

Die Widder-Frau

Die Wählerische

Die Widder-Frau beherrscht die Rolle eines Singles auf perfekte Weise. Sie organisiert ihr Berufs- und Liebesleben ohne die geringste Mühe. Da sie sehr wählerisch ist, kann sie sich ohnehin nur schwer für einen festen Partner entscheiden; denn wer entspricht schon ihren hohen Standards!

Wenn es dann aber doch gefunkt hat, wird der Partner sicher nicht unter die Kategorie der Schüchternen fallen. Die leidenschaftliche Widder-Frau langweilt sich zu Tode, wenn ihr Partner als Mäuschen in der Ecke sitzt, während sie gerade den Saal unterhält. Entweder er zieht mit oder er zieht Leine. Einen Mittelweg wird es mit der wilden Widder-Frau nicht geben.

Sie spricht ihn an

Die Liebe ist das Lebenselixier, dem die Widder-Frau reichlich zuspricht. Allerdings kann es gar nicht so wild kommen, um ihre klare Lebensplanung aufzugeben. Wenn sie Kompromisse eingehen müsste, würde sie eher den Liebhaber als den Lebensplan aufgeben.

Wenn aber endlich der Traummann auf der Bildfläche erscheint – vielleicht ist er ja auch Widder oder, noch besser, ein Löwe –, dann kann sie sehr schnell aktiv werden. Ohne zu zögern geht sie zum Angriff über und stürzt sich auf die Beute.

Wenn ihr nichts Besseres einfällt, spricht sie mit ihrem Traummann auch schon einmal über das Wetter. Hauptsache, Kontakt geknüpft!

Es kann dann möglicherweise sehr schnell gehen, bis sie mit ihrer neuesten Eroberung im Bett landet. Es darf auch nicht verwundern, wenn es gar nicht bis dahin reicht. Dabei sollte man bedenken, dass sie die Vorhänge nicht zuzieht!

Sie regiert das Schlafzimmer

Die Widder-Frau liebt nicht weniger leidenschaftlich als ihr männliches Pendant. Sie ergreift die Initiative, wenn es ihrer Stimmung entspricht, und es wäre sehr wünschenswert, wenn ihr Traummann auf diese stürmischen Angriffe eingehen und sie erwidern könnte, da die Widder-Frau sehr an Übereinstimmung interessiert ist.

Es ist allerdings unbestritten, dass sie die ungekrönte Herrscherin im Schlafzimmer ist, zum Glück allerdings zum Vergnügen von beiden. Der Spaß im Bett bestimmt zu einem erheblichen Maße ihre Lebensqualität und sollte nicht durch Langeweile oder Unwilligkeit getrübt werden.

Einer Widder-Frau sollte man gewachsen sein. Acht Stunden Schreibtischtätigkeit im Büro dürften dafür nicht ausreichen. Es bietet sich an, regelmäßig ein Fitnessstudio aufzusuchen.

Doch die Mühe lohnt sich. Die Widder-Frau wird sich ihrem Liebhaber mit Hingabe bis zur Erschöpfung erkenntlich zeigen.

Die Sehnsucht nach dem Außergewöhnlichen

Eine normale Romanze oder eine alltägliche Liebelei wird die Widder-Frau nicht wirklich befriedigen. Sie ist auf der Suche nach dem Außergewöhnlichen, Kosmischen, Überdimensionalen und Nicht-Alltäglichen. Sie ist dafür aber auch bereit, sich total zu verschenken. Wer der Widder-Frau mit absoluter, sich verzehrender Hingabe begegnet, wird gleiche Intensität von ihr zurückerhalten. Eine wahrhaft überirdische Liebe!

Eifersucht

Wie schon beim Widder-Mann, so stellt sich auch bei der Widder-Frau das Thema Eifersucht. Die Nebenfrau hat keine guten Karten, und in die Rolle des ausschweifenden Partners sollte man sich nur hineinwünschen, solange die Widder-Frau noch nicht Wind von der neuen Affäre bekommen hat.

Wenn ihr Stolz und ihre Einzigartigkeit bedroht sind, was durch eine zweite Frau ganz natürlich der Fall wäre, kann sie zur Furie werden. Dann ist mit ihr nicht gut Kirschen essen!

Sie will bewundert werden

Die Widder-Frau erträgt es nur schwer, wenn die Verliebtheit und Intensität der ersten Monate nachlässt und bei der Liebe der Strahlenglanz des Beginns langsam verblasst. Das kann bereits die Stunde sein, in der sie nach anderen Objekten der Begierde Ausschau zu halten anfängt.

Denn trotz ihres ausgeprägten Selbstbewusstseins will die Widder-Frau beachtet und bewundert werden. Hier spielt auch eine gewisse Eitelkeit eine große Rolle. Erfreulicherweise vermag die Widder-Frau nicht nur über andere zu lachen, sondern auch über sich selbst. Das macht manche Situation leichter erträglich!

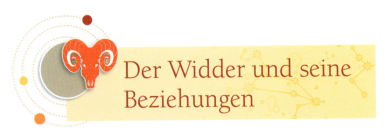

Der Widder und seine Beziehungen

Der Widder und der Widder

 *Ein richtiger Brandherd*

Die Anziehung zwischen einem Widder-Mann und einer Widder-Frau besitzt magische Dimensionen. Sie ist einfach unwiderstehlich. In diesem Fall gesellt sich Gleich und Gleich wirklich mit Leidenschaft.

Das Feuer der Leidenschaft kann sich zu einem verheerenden Flächenbrand ausweiten, der sich allen Löschversuchen entziehen wird. Wenn das Feuer dann endlich von allein niedergebrannt ist, bleibt allerdings so viel verbrannte Erde zurück, dass sich keine Möglichkeit für eine Neuanpflanzung bietet. Der kleine Rest von Leben in dieser Beziehung hätte keine Zukunftsperspektive.

Es ist nicht selten eine sehr starke sexuelle Anziehung, welche die beiden Widder zusammenführt. Leider liefert das Drehbuch nicht gleichzeitig ein Handbuch zur Konfliktlösung mit. Es würde dringend benötigt!

Der Widder und der Stier

Am Anfang war der Gegensatz

Das Feuer des Widders kann den Stier zwar anfänglich mitreißen, aber auf lange Sicht betrachtet wird es den Widder nerven, wenn seinen hochfliegenden Plänen immer wieder ein Dämpfer aufgesetzt wird. Die Kühnheit, Abenteuerlust und das feurige Temperament des Widders finden im Stier einfach keinen Widerhall. Er ist für den dynamischen Widder zu phlegmatisch und unbeweglich.

Wenn der Widder spontan Lust auf eine wilde Nacht verspürt, möchte der Stier vielleicht gerade ein Konzert der Philharmoniker besuchen. Im Prinzip ist dagegen auch vom Widder nichts einzuwenden; aber doch nicht gerade in diesem Augenblick!

Auch in Fragen der Treue stehen sich mit dem Widder und dem Stier zwei Extreme gegenüber. Die Anschauungen liegen einfach zu weit auseinander, um miteinander versöhnt werden zu können.

Der Widder und der Zwilling

 *Fast ein Traumpaar*

Sowohl der Widder als auch der Zwilling sind spontan, lebenslustig, voller Unternehmungsgeist und weitgehend unkompliziert. Das bildet eine gute Basis für gemeinsame Aktivitäten.

Der Zwilling, als Luft-Zeichen, kann schon einmal ein Auge zudrücken, wenn der Widder wieder einmal über das Ziel hinausschießt. Außerdem besitzt er durch seinen Einfallsreichtum die einzigartige Begabung, den Widder aus so mancher misslichen Lage herauszuhauen, in welche jener sich durch seine Impulsivität wieder einmal leichtfertig hineinmanövriert hat.

Es wird den Zwilling auch sehr viel Überzeugungsarbeit kosten, den Widder von der Treue zu überzeugen, denn bekanntlich liebt es dieser, gleichzeitig auf vielen Hochzeiten zu tanzen. Allerdings ist der Zwilling noch ein ziemlich guter Partner für die Lösung dieses Problems.

Wenn es zwischen dem Widder und dem Zwilling gefunkt hat, stürzen sich beide mit viel Schwung und Elan ins Liebesleben, allerdings sollten sie die gut gemeinten Ratschläge beachten und sich vor allzu viel Akrobatik vorsehen.

Der Widder und der Krebs

 *Ein Leben am Nord- und Südpol*

Der Krebs ist dem Widder einfach zu weich. Er legt, nach seinem Geschmack, viel zu viel Gewicht auf Herzensdinge, anstatt sich zu neuen Abenteuern überreden zu lassen. Außerdem hat der Krebs viel zu nah am Wasser gebaut, und diese Tränenflut macht dem Widder zu schaffen.

Der Wunsch nach Behutsamkeit und die Feinfühligkeit des Krebses finden im Widder einfach keinen Widerhall. Zudem fehlt dem Krebs sein unbedingt notwendiges Quantum an Streicheleinheiten. Auf sie kann er einfach nicht verzichten. Es wird schwer werden zwischen Krebs und Widder, sie sind viel zu unterschiedlich geprägt.

Der Widder und der Löwe

 *Das Traumpaar*

Wenn man einen Traumpartner für den Widder sucht, im Löwen hat man ihn gefunden!

Beide lieben das Leben, sind gesellig und schwelgen mit Begeisterung in der Leidenschaft der Gefühle.

Da sowohl der Widder als auch der Löwe eher großzügig denken, gibt es selten Streit über die gemeinsame Haushaltskasse. Sie werden zusammen auch kaum auf die Freuden des Lebens verzichten müssen.

Die Bettdecke wird zwischen einem Widder und einem Löwen selten kalt. Es wird in ihrem Liebesleben auch kaum Langeweile aufkommen, denn dazu sind beide viel zu kreativ und schätzen die Abwechslung. Ihre beiden feurigen Temperamente werden sich gegenseitig inspirieren, beflügeln und unterstützen. Sie sind beide auch offen für den spontanen Einfall am Abend oder in der Nacht. Widder und Löwe sind erste Kandidaten für die Mitternachts-Champagnerparty.

Sollte es dennoch zwischen beiden einmal krachen, so war der Widder wohl ein wenig zu impulsiv oder der Löwe hat mit seinem Gebrüll einen Sandsturm in der Wüste ausgelöst. Wenn sich der Staub gelegt hat, ziehen sie aber wieder gemeinsam los, neuen Abenteuern entgegen.

Der Widder und die Jungfrau

  Zu viele kritische Worte

Die Kritik der Jungfrau, mit der sie nicht hinter dem Berg hält, sondern sie freimütig äußert, auch wenn es gerade nicht der passende Moment ist, dürfte die Liebe des Widders bereits im Keim ersticken oder zumindest stark abkühlen.

Der Lebensstil des Widders ist einfach zu impulsiv und unbedacht. Dies führt in vielen Fällen dazu, dass er im Haus ein fabelhaftes Chaos hinterlässt, und diese Unordnung belastet die Jungfrau in ihrem innersten Wesen! Eigentlich ist es für sie unerträglich, und nur eine sehr große Liebe vermag sie über den alltäglichen Saustall hinwegzutragen.

Während die Jungfrau das Geld zusammenhält, wird es der Widder in vollen Zügen ausgeben.

Eine schwierige Kombination!

Der Widder und die Waage

 *Die beiden Gegen-Zeichen*

Widder und Waage stehen einander im Tierkreis genau gegenüber und bilden die sogenannten „Gegen-Zeichen". Man spricht auch von einem totalen Gegensatz, der gleichzeitig die einzigartige Ergänzung in sich trägt.

Die Spannungen zwischen einem Widder und einer Waage können enorm sein. Gelingt es ihnen jedoch, sich mit dem Gegenüber, dem kosmischen Gegenpol, auseinanderzusetzen, dann können sie dem Geheimnis der ganz großen Liebe sehr nahe kommen.

Harmonie ist für das Zeichen Waage das zentrale Thema. Aus harmonischen Beziehungen schöpft die Waage ihr Lebenselixier. Der Widder dagegen wird kaum einem Kampf oder einer Auseinandersetzung aus dem Weg gehen können.

Die Waage zeigt sich pendelnd unverbindlich, der Widder hingegen strebt kompromisslos in eine Richtung. Es stellt sich die Frage, wie das funktionieren soll.

Der Widder und der Skorpion

Wer gewinnt die Oberhand?

Zwischen Widder und Skorpion kann schnell eine Leidenschaft entbrennen. Damit sie auch langfristig Bestand hat, müssen beide vom anderen lernen. Nur wenn der eine auf den anderen eingeht, feinfühlig und einfühlsam, kann eine tiefe Verbindung entstehen.

Wenn es zwischen Widder und Skorpion kracht, kann allerdings leicht ein unversöhnlicher Konflikt entstehen und aus Partnern werden Rivalen.

Um Streit zu vermeiden, müssen beide ihre kämpferischen Naturen in den Griff bekommen und Rücksicht auf den Partner nehmen. Da aber in beiden der gleiche Kampfgeist schlummert, stehen sie dabei vor schwierigen Aufgaben.

Die Beziehung zwischen einem Widder und einem Skorpion wird nur dann Bestand haben, wenn sie sich bewusst machen, dass sich viele Konflikte dadurch lösen, dass sie den anderen als Spiegel sehen, der ihre eigenen Unvollkommenheiten reflektiert. Keine leichte Aufgabe!

Der Widder und der Schütze

Viel fehlt nicht zum Glück

Die beiden Feuer-Zeichen Widder und Schütze bilden keine ungünstige Kombination. Es kann sich zwischen beiden eine aufbauende Beziehung entwickeln, die auf der Sonnenseite des Lebens angesiedelt ist.

Da beide sehr temperamentvolle Züge aufweisen, dürfte auch keine Langeweile aufkommen.

Es ist allerdings nicht ausgeschlossen, dass der Schütze sich einmal zurückzieht, um über das Leben im Allgemeinen und die Liebe im Besonderen zu philosophieren. Der Widder dürfte diese Phase nutzen, um bis zur völligen Erschöpfung durch den Wald zu joggen.

Das Liebesleben zwischen Widder und Schütze wird eher von Harmonie als von Konflikt gekennzeichnet sein. Beide finden auch die richtige Sprache im Umgang miteinander und verfügen über kreative Lösungsmöglichkeiten, wenn es zwischen ihnen einmal zum Streit kommt. Mit viel persönlicher Freiheit, die beide Feuer-Zeichen benötigen, kann es zwischen ihnen zu einer prickelnden erotischen Anziehung und gleichzeitig zu einer innigen Partnerschaft kommen.

Der Widder und der Steinbock

 *Ring frei*

Es darf sich niemand wundern, wenn zwischen beiden die Funken fliegen!

Widder und Steinbock sind zwei ausgeprägte Charakterköpfe und beide neigen dazu, andere zu dominieren. Dies funktioniert allerdings nicht miteinander.

Wenn zwei Böcke sich die Hörner wetzen, kann es gewaltig zur Sache gehen. Da prallen zwei ausgesprochene Dickschädel aufeinander; aber wenn es dumm läuft, bleiben am Ende beide auf der Strecke.

Das sollten die zwei Hornviecher doch möglichst vermeiden! Der Steinbock zeichnet sich durch große Ausdauer und Konzentration aus, der Widder durch Lebensbejahung und Vitalität.

Beiden würden die jeweiligen Qualitäten des anderen nützen. Sie sollten also lernen, sich in ihrer Beziehung zu befruchten, anstatt einander zu bekämpfen.

Leider gelingt das nur in seltenen Fällen. Meistens hat eine Beziehung zwischen Widder und Steinbock nicht lange Bestand.

Die einzige Chance, die sie haben, wäre ein Haus auf einem Berggipfel; aber da besteht leider auch eine natürliche Beschränkung.

Der Widder und der Wassermann

Freundschaft oder Liebe

In dieser Beziehung stoßen Energie und Einfallsreichtum aufeinander. Im Prinzip keine schlechte Verbindung, wenn sie ausgewogen verteilt ist.

Die gemeinsamen Abende und Nächte können der Widder und der Wassermann durchaus anregend gestalten. Sie werden sich amüsant und anregend finden, doch die Probleme beginnen am Morgen danach.

Wenn die Frage aufkommt, wer das angerichtete Chaos der Nacht beseitigt, wer die Rotweinflecken aus dem Teppich entfernt und sich auf den Abwasch stürzt, dann verhärten sich schnell die Fronten. Plötzlich wird der Widder den Wassermann gar nicht mehr so anregend finden und unter Vortäuschung irgendeiner Ausrede das Weite suchen – sehr zum Verdruss des Wassermanns.

Eine Kombination, die ausbaufähig, aber auch anfällig ist. Die beiden haben es selbst in der Hand.

Der Widder und der Fisch

 *Wenn Feuer und Wasser sich treffen*

Der Widder wird mit dem Fisch seine Schwierigkeiten haben. Er bietet ihm einfach zu wenig Widerstand. Während der Widder noch seine Seelenkämpfe austrägt, ist der Fisch längst davongeschwommen und gibt sich seinen Träumen hin. Er taucht in sein Reich ein, zu dem der Widder keinerlei Zutrittsmöglichkeiten besitzt.

Der Fisch verfügt zwar über die intuitiven Fähigkeiten, den Widder zu verstehen, aber von seinem Wesen her fühlt er sich außerstande, dem hitzigen, streitlustigen und kämpferischen Widder zu begegnen.

Zwischen Widder und Fisch kann sich eine kurzfristige Romanze abspielen, ein kurzes, heftiges Aufflackern von Leidenschaft und Faszination, aber diese Bindung wird nur schwer ein Leben lang halten.

Die beiden Welten sind zu verschieden, um die Basis für eine langfristige enge und harmonische Beziehung zu bieten.

Sexualität: Der Widder-Mann

Der Vulkan

Mit dem Zeichen Widder begegnen wir dem abenteuerlustigsten Zeichen des Tierkreises und stehen gleichzeitig der größten Potenz gegenüber. Für den Widder ist in der Sexualität nichts unmöglich. Seine Kräfte sind schier unerschöpflich und nur eines bereitet ihm Probleme – Langeweile. Er ist ein brodelnder Vulkan, der manchmal ausbricht und dessen Lavastrom alles mitreißt, was sich ihm in den Weg stellt. Für seine Partnerin kann er zum verzehrenden Feuer werden.

Der Eroberer

Casanova erblickte, wen würde es wundern, unter dem Zeichen Widder das Licht der Welt. Er war der geborene Eroberer und er siegte durch seine Leidenschaftlichkeit. Manchmal stürmt der Widder zu direkt, geradezu hitzig vor, doch drängt es ihn ans Ziel. Dabei geht er häufig zu schnell vor.

Zärtliche Liebe ist keine Fähigkeit, die dem Widder von Anfang an zu eigen ist; aber bekanntlich ist er ja offen für alles. Was er heute noch nicht beherrscht, darüber verfügt er vielleicht morgen.

Der Verführer

Wenn sich die Angebetete spröde gibt, so wird das den Widder nicht abschrecken. Im Gegenteil, es wird ihn zur ganzen Entfaltung seines Repertoires anfeuern. Die einzunehmende Bastion darf ruhig gut beschützt sein, umso mehr Freude bereitet es ihm, sie zu erstürmen. Er wird notfalls auch seine Verführerqualitäten einsetzen, aber der direkte Weg zum Ziel ist ihm der liebste.

Am Morgen danach

Der One-Night-Stand ist dem Widder durchaus vertraut, wenngleich er darin nicht seine Erfüllung findet. Er sucht in den amourösen Abenteuern keine Oberflächlichkeit, aber meistens ist er am Morgen danach bereits vor dem Frühstück verschwunden.

Was geschehen ist, das ist geschehen – und der neue Tag kann neue Abenteuer bringen. Das Strohfeuer seiner Liebe glüht ständig auf hohem Niveau.

Der niemals Einsame

Der Widder ist selten allein, dazu brennt das Feuer der Liebe in ihm zu heiß. Wenn er gerade einmal ohne Beziehung lebt, wird er Mittel und Wege finden, seinen nicht unbeträchtlichen Charme einzusetzen, um eine neue Herz-Dame zu erobern. Da er beim weiblichen Geschlecht stets gut ankommt, dürfte die Zeit der Einsamkeit nur äußerst kurz ausfallen.

Sexualität: Die Widder-Frau

Die feurige Geliebte

Die Widder-Frau liebt auf einem viel zu hohen Niveau, um sich mit Amateuren abzugeben. Der Mann an ihrer Seite wird ein **Könner** sein, im Beruf und im Bett. Mit einem Versager wird sich eine Widder-Frau nicht einlassen. Schließlich kennt sie ja ihren wirklichen Wert.

Die Abenteuerlustige

Die Widder-Frau ist allem Neuen gegenüber aufgeschlossen. Da sie auch nicht zu den Prüden im Tierkreis zählt, reizen sie alle Arten von sexuellen Abenteuern. Der Mann, der sich mit einer Widder-Frau einlässt, sollte stets darauf gefasst sein, mit ungewöhnlichen Wünschen konfrontiert zu werden oder möglicherweise vor den Toren extravaganter Klubs zu stehen.

Die Anziehende

Widder-Frauen verfügen über eine außerordentliche Anziehungskraft. Sie verlocken und verführen, und sie wissen um ihre Stärke. Sie ergreifen nicht selten die Initiative, und ihre neue Eroberung findet sich schnell im Schlafzimmer der Widder-Frau wieder, wenn es nicht zu weit entfernt ist. Dort ergreift sie in vielen Fällen wieder als Erste die Initiative.

Die Widder-Frau wünscht sich einen anspruchsvollen, einen **wirklichen** Mann, der ihre Bedürfnisse auf allen Ebenen zu erfüllen vermag. Wenn er ihr begegnet, wird sie ohne zu zögern zugreifen!

Die ersehnte Geliebte

Da die Widder-Frau sexy, verführerisch, einfallsreich und charmant ist, erfüllt sie auch in manchem Mann die Vorstellung von der Idealfrau. Sie verkörpert die Rolle der ersehnten Geliebten, der Vollblutfrau. Nur übersehen manche Männer, wer im Schlafzimmer das Sagen hat – und hier können manche bösen Überraschungen passieren!

Persönliche Notizen

Persönliche Notizen

Gesundheit

KAPITEL 4

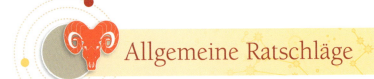

Allgemeine Ratschläge

Keinen Raubbau treiben

Der Widder verfügt im Allgemeinen über eine stabile Gesundheit. Sein größter Feind ist er selber, wenn er es zu wild treibt, auf welchem Feld auch immer, dann wird sich irgendwann dieser Raubbau auch bei seiner schier unverwüstlichen Natur negativ bemerkbar machen.

Der Treue-Faktor

Ein großes Problem für die Gesundheit des Widders kann sich aus seiner fehlenden Fähigkeit zur Treue ergeben. Wechselnde Partnerschaften bergen, gerade in der heutigen Zeit, ein gewisses Risiko. Da der Widder aber nur schwer zur Treue zu bekehren sein wird, muss er mit diesem Risikofaktor leben.

Gefahrensportarten

Da der Widder keine übermäßige Neigung zu Hallensportarten zeigt und auch das Golfspiel nicht zu seinen bevorzugten Neigungen zählt, ist er gefährdet. Wenn er sich mit dem Flugdrachen den Steilhang hinunterstürzt oder zum Mountain-Surfen mit dem Fallschirm und Snowboard aus dreitausend Metern Höhe abspringt, dann kann dies eben auch einmal schiefgehen.

Der Methusalem

Jene Widder, die alle gut gemeinten Ratschläge zumindest ein wenig beherzigt haben, besitzen alle Chancen, steinalt zu werden.

Noch dazu können sie die Lebensphase des Rentners oder Pensionärs genießen, denn ihre gute Gesundheit und Vitalität bleibt ihnen auch im Alter erhalten.

Die Schwachzonen des Widders

Der Kopfbereich

Den Widder-Geborenen wird als zentraler Körperteil der Kopf zugeordnet. Die starken Kopfschmerzen, die den Widder häufig plagen, sind ein typisches Indiz für diese Problemzone. Wobei allerdings hinzugefügt werden muss, dass es auch Widder gibt, die niemals über Kopfschmerzen klagen.

Da dem Widder aber das Lebensprinzip „Mit dem Kopf durch die Wand" zugeschrieben wird, kann es nicht wundern, wenn unter diesem Sternzeichen besonders häufig Kopfwunden, Nasenbeinbrüche, Gehirnerschütterungen oder Schädelverletzungen zu verzeichnen sind.

Neuralgien

Ein ebenfalls häufig auftretendes Krankheitsbild beim Widder sind die Neuralgien. Vielleicht sind sie die **kosmische Bremse**, die den Widder vor allzu ungestümem Voranpreschen bewahrt.

Schnittwunden und Verbrennungen

Der Widder ist oft hektisch und ungestüm. So kann es vorkommen, dass er beim Zwiebelschneiden ein paar Zentimeter zu weit links schneidet oder beim Heckenschneiden zu hastig mit der Heckenschere hantiert. Die Auswirkungen sind meist recht schmerzhaft. Auch der Umgang mit dem Feuer, seinem Element, bereitet dem Widder gelegentlich Probleme, sodass er beim Grillen im Garten oder beim Campingfeuer häufiger, als ihm lieb sein kann, Brandblasen davonträgt.

Das Gehirn

Der Widder weiß seinen Kopf einzusetzen, nicht nur im physischen, sondern auch im übertragenen Sinne. Das Gehirn und das Denkvermögen spielen für den Widder eine große Rolle; daher wird es vielleicht nicht überraschen, wenn beim Widder überdurchschnittlich oft ein Gehirnschlag als Todesursache festgestellt wird. Starke Inanspruchnahme führt auch zu Fehlreaktionen.

Erkältungskrankheiten

Wenn der Widder zu lange an fiebrigen Erkältungen leidet, sollte er dringend Sorge tragen, keine chronische Krankheit zu entwickeln. Bei bronchialen Entzündungen oder Infektionen der oberen Luftwege kann sich leicht eine langwierige Erkrankung einnisten, die dem Widder über Jahre zu schaffen macht.

Die empfindsame Niere

Es kommt oft vor, dass der Kopf dem Widder anzeigt, mehr auf seine Nieren zu achten. Er tut gut daran, diesem sanften Hinweis aus dem Unterbewussten nachzugehen. Der Widder kann sich dadurch viel Kummer ersparen.

Was ein Widder vermeiden sollte

Das Lebenstempo übertreiben

Der Widder fährt auf der Autobahn des Lebens selten unter zweihundert Stundenkilometern. Doch manchmal ist ihm selbst dies noch nicht genug. Er möchte gerne noch etwas beschleunigen – und überdreht dabei den Motor.

Selbst ein Widder sollte irgendwann zu der Erkenntnis kommen, dass sein Körper ein feingliedriger

Organismus und keine gut geölte Maschine ist. Wenn er weiter den Motor im absolut hochtourigen Bereich fährt, wird er irgendwann zu stottern beginnen. Auch die überaus stabile Gesundheit des Widders ist nicht unzerstörbar!

Das kleine Wörtchen „zu"

Das kleine Wort „zu" kann für den Widder große Bedeutung haben. Er neigt zu Unmäßigkeit im Leben. Er isst ein bisschen zu viel; er trinkt ein bisschen zu viel; er raucht ein bisschen zu viel; er liebt ein bisschen zu viel. In Maßen wäre dies alles akzeptabel; aber das kleine Wörtchen „zu" deutet die Gefahr an. Der Widder mutet sich und seiner Gesundheit „zu" viel zu.

Wenn er nicht selbst zur Einsicht gelangt, wird ihm sein Körper unmissverständlich ein Warnsignal geben, das er dann nicht mehr übersehen kann!

Übergewicht

Von allen kleinen Lastern wird das Essen beim Widder zuerst negative Auswirkungen zeigen. Der kleine Bauchansatz kann sich schnell, wenn der Unmäßigkeit beim Essen kein Einhalt geboten wird, zu einem gepflegten Bäuchlein entwickeln. Dies wiederum könnte das Selbstbewusstsein des Widders ankratzen und zu erhöhtem Alkoholkonsum führen. Ein Teufelskreis, der schon früh unterbrochen werden muss!

Schlaflosigkeit und Übermüdung

Der Widder wird lange gar nicht merken, dass ihm einige Stunden Schlaf fehlen. Seine unglaubliche Vitalität kann über viele Jahre manchen Missbrauch des Körpers ausgleichen. Irgendwann aber ist der kritische Punkt überschritten, und dann werden die Alarmzeichen immer dramatischer. Auch ein Widder kann nicht ständig unter Hochspannung leben.

Wenn sich Symptome wie Schlaflosigkeit und chronische Übermüdung häufen, dann ist es höchste Zeit, den Lebensstil zu ändern.

Weitere Rücksichtslosigkeiten gegenüber dem eigenen Körper könnten zu fatalen Folgen führen.

Ein guter Rat an den Widder

Ein Neuanfang ist wichtig

Für jedes Tierkreiszeichen ist es wichtig, sich nicht von alten Gewohnheiten und erstarrten Traditionen einfangen zu lassen. *Wer rastet, der rostet!*

Es ist außerordentlich wichtig, öfter einmal im Leben einen Augenblick innezuhalten, eine Bestandsaufnahme zu machen und neu zu beginnen. Gerade der Widder verfügt über die Energie, seine alten und vielleicht nicht mehr sinnvollen Lebensgewohnheiten

zu verändern. Mit seiner Kraft verfügt er über geradezu unbegrenzte Reserven, um einen vollständigen Neuanfang zu wagen.

Auf kleine Wehwehchen achten

Der Widder übertreibt es auch hinsichtlich seiner Gesundheit. Er kann nicht maßhalten, und so muss sein geplagter Körper gelegentlich Warnsignale aussenden, um ihn zur Vernunft zu bringen.

Somit kann man dem Widder nur raten, diese Botschaften nicht zu ignorieren, sondern zu beachten. Es ist größte Vorsicht geboten! Da der Widder die einmalige Fähigkeit hat, alle Warnsignale normalerweise zu missachten, sollte er sofort auf die Bremse treten, wenn er doch einmal eines dieser Signallichter wahrnimmt. Ein deutliches Zeichen dafür, dass Gefahr im Verzug ist!

Auf den Arzt hören

Der Widder gehört zu den Sternzeichen, die meinen, Ärzte benötigten prinzipiell nur die anderen. Sie selber erfreuen sich bester Gesundheit und können auf die Ratschläge dieser „Quacksalber" verzichten. Weit gefehlt! Gerade der Widder muss dringend auf den Rat des Arztes hören, weil er den Rat seines Körpers ständig überhört. Daher: Auf den Onkel Doktor hören, auch wenn's schwerfällt!

In der Stille liegt die Kraft

Der Widder ist der Power-Bolzen des Sternkreises. Er ist immer aktiv, immer in Bewegung. Nichts ist schwieriger für ihn, als in die Stille zu gehen und einmal ganz ruhig zu werden.

Wie bei vielen Dingen bilden aber erst die Gegensätze ein Ganzes. Der Widder sollte unbedingt darauf achten, ein wenig Zeit für Muße, Meditation oder Kontemplation in seinen Tagesplan einzubauen. Es würde ihm so guttun! Auch wenn es nur zehn Minuten wären, die innere Ruhepause würde genügen, um den Überdruck vom Kessel zu nehmen. Anschließend kann es wieder mit Volldampf weitergehen.

Sanfte Heilweisen für den Widder

Entspannungsübungen

Der Widder ist ein besonders ruheloser Geselle im Sternkreis. Seine gewaltigen Kräfte treiben ihn ständig zu neuen, kraftraubenden Aktivitäten.

Es wäre außerordentlich hilfreich für Widder-Männer und Widder-Frauen, gelegentlich einen Entspannungskurs zu besuchen oder in den eigenen vier Wänden autogenes Training zu betreiben.

Gerade der Widder würde die positiven Wirkungen von Entspannungsübungen als besonders wohltuend empfinden. Da er immer unter Hochspannung steht, nimmt er es überaus deutlich wahr, wenn die Spannung in den Nervenbahnen einmal absinkt.

Autogenes Training wird mittlerweile an fast allen Volkshochschulen oder sonstigen sozialen Einrichtungen gelehrt und ist leicht zu erlernen.

In manchen Fällen übernehmen sogar die Krankenkassen die Kurs- oder Seminargebühren.

Craniosacral-Therapie

Die Craniosacral-Therapie (*Cranium* = Schädel, *Sacrum* = Kreuzbein) ist ein neuartiger Ansatz, Verspannungen im Kopfbereich, unter denen gerade der Widder besonders leidet, auf sanfte Weise aufzulösen. Durch leichte Körperberührung wird die Energiezufuhr des Gehirns verbessert, sodass die Stressblockaden, die durch physische Einwirkungen im Körper entstanden sind, harmonisch und ohne dramatische Nebenwirkungen wieder aufgelöst werden. Die Selbstheilungskräfte des Körpers werden angeregt, der ganze Organismus regeneriert sich und Geist und Seele finden Harmonie.

Dies ist eine sehr sanfte Heilweise, die allerdings bisher nur von einer relativ kleinen Therapeutengruppe praktiziert wird!

Yoga

Yoga stellt eine ideale Entspannungsform für den Widder dar. Dabei muss es nicht unbedingt so sein, dass er auf dem Kopf steht oder schwierige Verrenkungen unternimmt. Yoga hat eine viel größere Bandbreite.

Es kann für den Widder hilfreich sein, einfache Körperstellungen auszuprobieren, die auf unkomplizierte und schnelle Weise Entspannung und Erholung schenken. Dabei gilt es zu beachten, dass Yoga nichts mit Kampfsport zu tun hat. Der Widder soll seinen Körper entspannen und nicht durch übermäßigen Ehrgeiz, bestimmte Körperübungen perfekt vorzuführen, wieder neu verspannen!

Auch die meditative Form des Yoga bekommt dem Widder. Alle Formen einer geistigen Entspannung beruhigen sein immer unter Hochspannung stehendes Nervensystem. Aus der Entspannung heraus kann er dann wieder konzentriert und gut erholt arbeiten.

Das Bachblüten-Mittel

Kaum eine andere sanfte Heilweise hat in den vergangen zehn Jahren eine solche Erfolgsstory aufzuweisen wie die Blütenmittel von Dr. Edward Bach. Ihre geniale Einfachheit macht das Geheimnis ihres Erfolges aus. Für jedermann leicht anwendbar, sind die Pflanzenessenzen dennoch überaus wirksam.

Das Bachblüten-Mittel für den Widder ist
IMPATIENS (Springkraut).

Die folgende wiederholende Charakterisierung ist wichtig, um die Zuordnung des passenden Bachblüten-Mittels besser verstehen zu können. Der Widder kann mit einer überwältigenden Kraft verglichen werden. Das Zeichen des Widders zeigt den kommenden Frühling an. Es gleicht zwei aufsteigenden Widder-Hörnern und kann gleichzeitig als der erste Springbrunnen angesehen werden, der aus der Erde hervorbricht. Der Widder ist das erste Zeichen im Tierkreis. Er ist ein Kardinal- und Feuer-Zeichen, voll gewaltiger Energie, welche die unter ihm Geborenen im Übermaß besitzen. Diese Energie wird häufig verkehrt eingesetzt und ist selten von Dauer, doch das ist ohne Belang, da die Energie des Widders ohnehin impulsiv und nicht dauernd ist.

Als erstes Zeichen ist der Widder sehr ursprünglich. Herablassend beschrieben, würde man ihn als unwissend und ungebildet bezeichnen. Nicht zufällig schickt man jemanden am 1. April „in den April". Der Widder kann manchmal als etwas egozentrisch bezeichnet werden. Er besitzt als kindhaften Zug eine Unschuld, die nicht unbedingt mit Tugend gleichzusetzen ist. Diese reizbare und launische Persönlichkeit wird in den griechischen Epen als Kriegsgott (Ares) dargestellt, für die Römer gleichbedeutend mit Mars, welcher der Herrscher des Zeichens Widder ist. Das Schlüsselwort dieses Zeichens lautet: „Ich bin." Es scheint, dass der Widder nicht umhin kann, sich selbst an die erste Stelle zu setzen. Wagemutig und genauso unmöglich zu leiten, wie man den Stier vorwärtsdrängen kann, ist der Widder unerschrocken und unbezähmbar. Er ist im Allgemeinen ohne Falsch und Arglist, da er den direkten Angriff vorzieht. Es handelt sich hierbei um Tatmenschen, sie bringen die Dinge hinter sich. Sofern jemand mit dem Widder Schritt halten kann, ist er ein guter Gefährte, eine gute Gefährtin.

Impatiens – drüsentragendes Springkraut

Wie aus dem Namen dieser Bachblüte bereits hervorgeht, leiden Menschen, für die diese Bachblüte hilfreich sein kann, unter Ungeduld und Verunsicherung. Schnell in ihrem Denken und in ihren Handlungen, vermögen sie ihre Ideen rascher als die meisten zu erfassen und werden unduldsam gegenüber Menschen, die dies nicht mit der gleichen Geschwindigkeit zu tun vermögen. Sie ziehen es vor, allein und ungestört nach ihrem Tempo zu arbeiten. Nichts scheint dem Impatiens-Typus schnell genug zu gehen. Er wird ärgerlich, wenn Krankheit ihn überfällt, ihn sozusagen überrollt (ihn „überrollt" ist der passende Ausdruck, da er ständig auf dem Sprung ist). Er ärgert sich über Krankheit und verlangt schnell nach wirkenden Heilmethoden. Er weigert sich, die Zeichen der Natur, die Mäßigung gebieten, zu beachten. Da es ihm an Disziplin und Selbstbeherrschung fehlt, mag eine Neigung zu Unfällen bestehen. Er beschreitet selbst Wege, die Engel nicht beschreiten würden.

Da es dem Impatiens-Typus meistens an Feingefühl mangelt, benimmt er sich oft ungezogen, unhöflich

und ist schlecht gelaunt. Er ist ständig in Eile und drängt auch andere zur Eile. Impatiens-Menschen fürchten Enttäuschungen, da diese sie erschöpfen. Die Angst vor Enttäuschung mag der Ursprung des Bedürfnisses sein, allein arbeiten zu wollen, was wahrscheinlich das Beste ist, da sie andere tadeln, wenn etwas misslingt. Ein übertriebenes Unabhängigkeitsstreben führt oft zu Alleinsein und zur Einsamkeit. Sie wirken mit ihrem brüsken Benehmen, ihrem Fehler entdeckenden und unsympathischen Wesen befremdlich auf ihre Umwelt.

Der konstruktive Impatiens-Typ ist fähig, entscheidungsfreudig und häufig klug und geistreich. Er kann sich zu einem beispielhaften Führer entwickeln, zu jemand, der weiß, wie man die Dinge in die Hand nimmt. Er übernimmt Pflichten und Verantwortung und tadelt andere nicht wegen persönlicher Fehler und Schwächen. Sobald die hohen Ideale dieses Menschen offenbar werden, bleibt er selbstsicher und voller Selbstvertrauen.

Das Aura-Soma-Mittel

Eine weitere sanfte Heilweise ist die Aura-Soma-Therapie, eine Kombination aus Aroma-, Farb- und Lichttherapie. Da die vielen Ölfläschchen, die wunderbar duften und sehr schön anzuschauen sind, nicht allgemein zu einem Sternzeichen zugeordnet werden können, empfiehlt es sich, einen der vielen Aura-Soma-Therapeuten zurate zu ziehen, die heute praktisch in jeder mittelgroßen Stadt anzutreffen sind.

Persönliche Notizen

Persönliche Notizen

Essen und Trinken

KAPITEL 5

Der Widder in der Küche

Der scharfe Vorkoster

Der Widder isst gern und viel. In der Regel gehört er nicht zu den Laschen in der Küche. Ganz im Gegenteil! Die meisten Widder lieben es würzig und scharf. Wenn der Widder-Mann oder die Widder-Frau in der Küche aktiv werden, bleibt keine Suppe, kein Salat und keine Hauptspeise so, wie sie ursprünglich zubereitet wurde. Der Widder wird immer nachwürzen!

Ganz besonders liebt er scharfe Gerichte. Wenn man in einem China-Restaurant, beim Inder oder bei den mexikanischen Gaststätten nachfragen würde, sollte es nicht verwundern, wenn die Widder überproportional vertreten wären. Sie gehören zu den Scharfmachern in der Küche, und mit chinesischer, mexikanischer und indischer Kochkunst fühlen sie sich wohl.

Nur keine Langeweile in der Küche

So wie der Widder keine Langeweile in der Liebe und im Beruf mag, so hasst er es auch, immer wieder denselben Einheitsbrei Tag für Tag vorgesetzt zu bekommen. Es kann schon einmal beim Kochen oder Braten etwas schiefgehen und das Gericht etwas seltsam aussehen, Hauptsache es ist nicht dasselbe wie beim letzten Mal!

Wenn es aber etwas gut duftendes Neues ist, läuft dem Widder schon das Wasser im Munde zusammen, sobald er nur an der Küche vorbeigeht. Wenn er hereinkommt, tritt allerdings der beschriebene Fall ein, dass sämtliche Speisen eine höhere Gewürzoktave erhalten!

Für den Fall, dass Oma und Opa oder Tante Lieschen zu Besuch kommen, ist es ratsam, den Widder von der Küche fernzuhalten. Sollte die Widder-Frau normalerweise die Küche steuern, wären notfalls Kartoffelsalat und Würstchen vorzuziehen, die auch der unpraktische Widder-Mann auf den Tisch bringen könnte, als die Erbtante vorzeitig durch ein Gemüse-Curry Madras-Style zu den Ahnen zu senden. Außerdem könnte das unerwartete Ableben der Erbtante unerfreuliche polizeiliche Nachforschungen zur Folge haben. Beim ungestümen Temperament des Widders wären dann weitere Komplikationen zu befürchten.

Der Widder sollte also seine Kochkünste den erwarteten Gästen entsprechend gestalten!

Keine Hausmannskost

Die Frau oder der Mann, die ihren Widder-Partner aus dem Haus treiben wollen, können dies ohne Probleme erledigen, indem sie ihr oder ihm regelmäßig ideenlose Hausmannskost vorsetzen. Das ist das Ende der Küchen-Gemütlichkeit!

Der Widder ist ein kulinarischer Weltbürger! Mit dreimal wöchentlich Pommes und Mayo treibt man ihn nicht nur aus dem Haus und in das nächste Spezialitäten-Restaurant, was nicht gut für die gemeinsame

Kasse ist, sondern man treibt ihn auch dem nächsten Mann oder der nächsten Frau in die Arme, die ein internationales Kochbuch im Schrank stehen hat!

Der Widder liebt es, heute indonesisch und morgen mexikanisch zu speisen. Selbst wenn es ein rechter Fraß ist, wird er es dennoch lieben, weil es exotisch und neu ist. Der Widder isst auch mit den Augen und mit dem Kopf, nicht nur mit dem Gaumen.

Wenn Sie also schon die üblichen Nudeln auf den Tisch bringen, so nennen Sie sie wenigstens „Makkaroni Siciliana" und tröpfeln eine Extraportion Peperoncini-Öl über die Soße. Ihr Widder wird es Ihnen mit einem anerkennenden Blick danken!

Mut zum Unbekannten

Der Widder ist ein kreativer Koch. Kein Gericht wird zweimal gleich schmecken. Selbst was gleich aussieht, schmeckt doch anders. Er wird einige Gewürze ersetzt haben.

Der Küchen-Widder erfindet immer wieder neue Variationen, die dem Essen einen speziellen Pfiff verleihen. Dabei kann es zu abenteuerlichen Kombinationen kommen, die jede Tradition unterlaufen. Der berühmte „Bückling mit Bienenstich" dürfte einst von einem Widder erfunden worden sein.

Auch wenn das Gericht insgesamt nicht zu identifizieren ist, nur als scharfe, braune Masse ins Auge und in den Magen sticht, könnte der Koch ein Widder gewesen sein.

Die Widder-Küche ist nichts für konventionelle Geister und Mägen. Es kann durchaus passieren, dass mancher Gast kurz vor dem Servieren plötzlich feststellt, dass er doch tatsächlich einen ganz wichtigen Termin übersehen hat. Nicht unglücklich sein! Besser er geht vor dem Essen als während des Essens, in eindeutiger Weise die Hand vor den Mund haltend.

Der ungestüme Genießer

Der Widder verbraucht eine gewaltige Menge an Körperenergie. Da er ständig auf Achse ist, kaum Ruhepausen einlegt, verbraucht er in kurzer Zeit seine Kraftreserven, die er in Form reichlicher Mahlzeiten angelegt hat.

Da aber schon wieder die Zeit drängt und das nächste Projekt ruft, wird er in Windeseile eine Mahlzeit in sich hineinstopfen. Da verschwinden in wenigen Minuten wahre Berge an Essbarem, ohne dass sich der Widder in vielen Fällen darüber klar wird, was er eigentlich isst.

Auch beim Wein sollte man vor dem Gang in den Weinkeller darüber nachdenken, ob der zu Gast geladene Widder möglicherweise in Eile ist. In diesem Fall empfiehlt sich eine der billigen „Gäste-Flaschen", denn der Widder wird andernfalls den kostbaren Tropfen in sich hineinschütten, ohne Jahrgang und Lage des edlen Getränkes auch nur mit einem Gedanken zu würdigen. Es wäre Perlen vor die Säue geworfen!

Wenn sich der Widder wirklich einmal die Zeit nimmt, um Essen und Trinken in Muße zu genießen, muss das an Ihnen oder Ihrer wirklich phänomenalen Kochkunst liegen!

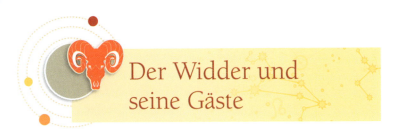

Der Widder und seine Gäste

Die fröhliche Runde

Der Widder liebt die fröhliche Geselligkeit. Wenn er der Gastgeber ist, ist alles erlaubt, nur kein Weltschmerz und keine Beziehungsprobleme. Die löst er lieber gar nicht – oder auf seine ureigene Widder-Art!

Die Flasche in der Tasche

„Gehst du zum Widder, vergiss die Flasche nicht!"

Die liebsten Gäste sind dem Widder jene, die eine Flasche mitbringen, etwas Süßes oder etwas zum Knabbern; denn mit Sicherheit hat er irgendetwas vergessen.

Das streitbare Menü

Der Widder liebt es, bei Tisch einsatzfreudig zu streiten, mit Ausnahme der schon genannten Beziehungsprobleme und des unerfreulichen Weltschmerzes. Dabei freut er sich durchaus, wenn er ein Gegenüber findet, das laut mitdiskutiert. Schließlich braucht der Widder einen Gegenspieler, an dem er sich messen kann!

Ein Lob dem Koch oder der Köchin

Begehen Sie bitte nicht den unverzeihlichen Fehler, den Widder-Koch oder die Widder-Köchin nicht für ihre unvergleichliche Kochkunst zu loben, gleichgültig wie ungenießbar das Abendessen auch war. Der Widder liebt es, für seine Gastfreundschaft gelobt zu werden; und auch wenn der süße Rotwein zur Forelle gepasst hat wie die Faust aufs Auge, erwähnen Sie es nicht. Es hat außerdem auch schon Menschen gegeben, die den stocktrockenen Moselwein zur Roten Grütze getrunken haben, ohne auch nur eine Miene zu verziehen. So würdigt man die Kochkunst des Widders!

Auf die Atmosphäre kommt es an

Achten Sie nicht auf Kleinigkeiten. Der Widder denkt in großen Zügen. Wenn der Wein gut war, genießen Sie ihn und trauern nicht dem fehlenden Knoblauch und dem abgestandenen Parmesan beim Pesto hinterher. Sie werden vergeblich darauf warten!

Entscheidend war doch, dass sich alle prächtig unterhalten haben. Essen gehen kann man später immer noch. Ein Widder kann ja schließlich nicht an alles denken!

Die Lieblingsgerichte des Widders

Dem Widder werden scharfe Zwiebeln und Knoblauch zugeordnet, als regionale Besonderheit noch der Rettich. Der Widder wird gerne auf diese Zutaten zurückgreifen, um eines seiner exotischen Gerichte auf den Tisch zu zaubern. Bei ihm werden Sie sicher nicht „Sülze nach Hausmannsart" bekommen, sondern eher Nasigoreng oder ähnliche ungewöhnliche Gerichte der ostasiatischen Küche. Vielleicht gibt es aber auch „Madras Colonial Spargel". Zwar hat man bis zum heutigen Tage in Indien keinen Spargel geerntet, aber das stört den Widder wenig!

Ein typisches Widder-Rezept:

MADRAS COLONIAL SPARGEL

500 g (mindestens!) dicker Spargel
1 kg Kartoffeln
2 Brühwürfel
1 Päckchen Sauce hollandaise
2 Knoblauchzehen
Salz
Pfeffer
Curry
Kashmiri Marsala-Gewürzmischung
250 g würziger Käse
Würstchen

Man schäle die Spargel und die Kartoffeln und bringe beide klein geschnitten in der Brühe zum Kochen. Bevor die Spargel und die Kartoffeln zu weich werden, nehme man sie aus dem Topf. (Die Brühe ergibt übrigens eine wunderbare Suppe!)

Dann werden die Spargel und die Kartoffeln in eine große Auflaufform gegeben, die vorher gut mit Knoblauch ausgerieben wurde. Anschließend kleine Knoblauchstücke mit den Spargeln und Kartoffeln vermischen, die Sauce hollandaise darübergeben sowie reichlich Gewürze über das Ganze streuen. Als krönender Abschluss wird dann eine dünne (bei ganz harten Naturen eine dicke!) Schicht Kashmiri Marsala aufgetragen und mit Käse (am besten gerieben!) abgedeckt.

Anschließend wird das Ganze in den Ofen geschoben und bei mittlerer Hitze fünfzehn Minuten überbacken. Die Pfanne wird dann auf einem Holzbrett serviert und am Tisch auf die Teller verteilt. Dazu isst man Würstchen.

Die Lieblingsgetränke des Widders

Wenn Sie einen Widder schnell wieder aus dem Haus haben wollen, servieren Sie ihm eine lauwarme Apfelschorle. Er wird Sie dafür hassen!

Sollte Ihr Keller aber ein dunkles Starkbier oder einen eleganten, ausdrucksstarken Rotwein zu bieten haben, könnte der Widder einen zauberhaften Abend mit Ihnen verbringen.

Der kräftige Rotwein würde natürlich auch hervorragend zu einem „Madras Colonial Spargel" passen; aber das weiß ein Widder natürlich!

Wie man einen Widder verwöhnt

Die kulinarische Trickkiste

Sie haben, falls Sie nicht selbst Widder sind, auf den vorangegangenen Seiten bereits einiges über das geheime Küchenleben des Widders erfahren. Nutzen Sie dieses kostbare Wissen!

Bereiten Sie Ihrem Widder etwas Ungewöhnliches. Ein Volltreffer wäre es, wenn Sie etwas auf den Tisch zaubern würden, das er noch nie gegessen hat. Auch wenn es Sie einige kreative Schweißperlen kostet, der fantastische Abend mit Ihrem Widder wird es Ihnen lohnen. Greifen Sie tief in die Gewürzkiste und lassen Sie keinen Chili, Curry oder kein Pfefferkorn unberücksichtigt. Ihr Widder ist ein ganz scharfes Wesen!

Das edle Restaurant

Wenn Sie Ihren Widder ausführen wollen, sollten Sie jene Häuser eher meiden, wo es eine bestimmte Sorte von „Burgern" gibt. Ihrem Widder können Sie damit bestimmt nicht imponieren! Er wird das exquisite Feinschmeckerlokal bevorzugen, auch wenn er dort nicht den ganzen Abend verbringen wird. Aber Sie wollen ihn ja auch nur einstimmen auf das, was da noch kommen soll ...

Die Hintergrundmusik

Der Widder ist der Musik durchaus zugeneigt, wobei er, seinem Wesen entsprechend, den Bolero der Bach-Kantate vorziehen wird. Wenn Sie Ihren Abend also musikalisch untermalen wollen, zu Hause oder im Lokal, dann sorgen Sie für südamerikanische Rhythmen. Es macht dem Widder auch nichts aus, wenn die Musik laut und mitreißend gespielt wird – schließlich ist es **seine Musik!**

Das gemütliche Essen

Der Widder muss nicht immer auf Tour sein. Er kann manchmal auch den gemütlichen Abend vor dem Kamin zu schätzen wissen. Zu dem nunmehr bekannten Essen sollten Sie dann vielleicht eine DVD ausleihen, die John Wayne oder Sylvester Stallone in ihren besten Rollen zeigt. Das ist die richtige Untermalung für ein gemütliches Widder-Abendessen.

Ein entscheidender Hinweis

Etwas gilt es unbedingt zu beachten: Lassen Sie einen Widder niemals auf das Essen warten, sonst vergeht ihm der Appetit. Und was nützt Ihnen all Ihre Kochkunst, wenn der Widder schon derart missgestimmt ist. Der Abend ist gelaufen.

Genießer oder Asket

Der Liebhaber-Typ

Bevor Casanova seine zahlreichen Geliebten beglückte, nahm er stets zwölf Eiweiß zu sich. Überflüssig zu betonen, dass auch er ein Widder war.

Es gibt natürlich auch heute noch die Möglichkeit mit den zwölf Eiweiß, aber die Zeiten haben sich doch ein wenig gewandelt, und vielleicht steht der Widder von heute auf zwölf dicke Sojabohnen, falls er keinen Hummer um die Ecke bringen möchte!

Beim Widder ist alles möglich

Die Frage nach Genießer oder Asket lässt sich beim Widder nicht eindeutig beantworten. Man muss im Einzelfall zwischen den verschiedenen Typen unterscheiden. So wird der Widder-Manager alles essen, was ihm in die Finger kommt. Wenn Sie ihn nach dem Essen interviewen, wird er sich nicht einmal erinnern können, was er in Windeseile in sich hineingeschlungen hat. Ihm fehlt vollständig die Zeit, um das Essen zu genießen. Seine Gedanken sind bereits mit seinem nächsten wichtigen Projekt beschäftigt.

Anders sieht es dagegen mit dem unausgelasteten Widder aus. Er wird sich den Bauch vollschlagen und schnell an Gewicht zulegen. Es fehlt ihm an der notwendigen Dynamik, um den Brennstoff in Energie umzusetzen.

Der Unruhige

Beim Widder fehlt es sowohl für den Genießer als auch für den Asketen an einer Qualität – der Beständigkeit. Für den entspannten Genießer fehlt es ihm meistens an Muße, um sich zurückzulehnen und in Ruhe der Völlerei zu frönen.

Für den Asketen fehlt ihm die Ausdauer, um gezielt aller Fleisches- und Sinneslust zu entsagen. Er ist einfach zu dynamisch, um es zum Asketen zu bringen.

Die Regelmäßigkeit

Wenn sich der Widder selbst etwas Gutes tun möchte, so sollte er sich um Regelmäßigkeit bemühen. Essenszeiten sollten zu bestimmten Stunden in den Tagesablauf eingebunden – und eingehalten – werden. Auch wenn es schwerfällt!

Persönliche Notizen

Persönliche Notizen

Der Widder als Kind

KAPITEL 6

Der kleine Widder

Das Energiebündel

Auch der kleine Widder zeichnet sich durch seine enorme Energie aus. Mütter von kleinen Widdern sind nicht zu beneiden. Ihre Sprösslinge halten sie durch zahllose Aktivitäten ständig auf Trab.

Am besten kommen Sie als Mutter oder Vater mit Ihrem kleinen Widder zurecht, wenn Sie seine ungebändigte Energie auf ein Ziel lenken. Dies ermöglicht es ihm, durch ein konkretes Vorhaben angespornt und herausgefordert zu werden, was für einen Widder entscheidend ist, zugleich aber auch von allerlei unkontrolliertem Unsinn ferngehalten zu werden.

Widder-Eltern sind zu ständigem Einfallsreichtum aufgerufen!

Ab in die freie Wildbahn

Der kleine Widder ist schnell gelangweilt und wird wenig Freude am Spiel im Zimmer haben. Am liebsten tobt er draußen herum und Sie werden ihn kaum davon abbringen können!

Ein Widder-Kind liebt das Spielen im Freien. Die Natur ist sein natürlicher Lebensraum. Deshalb bietet es sich an, schon früh seine sportlichen Aktivitäten zu entfalten, Spaß am gemeinschaftlichen Spiel im Freien zu wecken und Freude an der Bewegung zu fördern.

Immer der Erste

Ihr kleiner Widder wird schon früh seinen Anspruch anmelden, der Erste, Schnellste oder Beste zu sein. Wenn er nicht frühzeitig seine Grenzen aufgezeigt bekommt, wird er versuchen, diesen Anspruch mit allen Mitteln, auch mit unfairen, durchzusetzen. Es ist daher angesagt, dem Widder-Kind klar aufzuzeigen, dass ein rücksichtsloses Verhalten kein Weg zum Sieg ist.

Gerade für einen kleinen Widder ist es von entscheidender Bedeutung, schon früh ein Verständnis von Fairness und Teamgeist zu entwickeln. Es wird die spätere Erziehung erheblich erleichtern.

Die soziale Komponente

Das Widder-Kind wird nicht von seiner Natur her auf die Nöte und Bedürfnisse seiner Spielkameraden Rücksicht nehmen. In seinem angeborenen Temperament stürmt es vorwärts und übersieht dabei möglicherweise die Schwäche seines Nachbarn. Wenn es Ihnen gelingt, ihm frühzeitig ein Gespür für Begrenzungen und die Rechte der anderen anzuerziehen, haben Sie ihm für sein späteres Leben einen großen Dienst erwiesen.

Es muss lernen, auf den schwächeren Spielkameraden Rücksicht zu nehmen.

Denn als Eltern eines Widder-Knaben oder eines Widder-Mädchens dürfen Sie eines nicht vergessen: Auch im kleinen Widder ist das Ego groß ausgeprägt!

Der kleine Widder

Ständig in Bewegung

Ein Widder-Kind ist unaufhörlich in Bewegung. Es kann von seinem Wesen her nicht still sitzen. Es hat die berühmten „Hummeln im Hintern"!

Kein Baum ist für einen kleinen Widder zu hoch und kein Bach zu tief, um nicht daran seine Kräfte zu messen. Sie werden starke Nerven brauchen, denn Ihr kleiner Widder wird Sie immer wieder in Angst und Schrecken versetzen. Es ist ratsam, die Nummer Ihres Hausarztes und der Unfallstation immer in Griffweite zu haben. Die Platzwunde am Kopf und das aufgeschürfte Knie sind vorprogrammiert, und je eher Sie sich darauf einstellen, desto besser. Sie werden die vielen kleinen Schocks leichter verarbeiten!

Zu Ihrer Beruhigung sei allerdings hinzugefügt, dass die meisten kleinen Blessuren glimpflich ablaufen. Der Widder ist nicht nur tollkühn, er ist auch geschickt!

Die Ungeduldigen

Widder-Kinder zählen wahrlich nicht zu den Geduldigen im Tierkreis. Voller Ungeduld wird Ihr kleiner Widder es überhaupt nicht verstehen, warum es noch drei Tage bis zu seinem Geburtstag sind. Schließlich ist doch heute der Tag der Tage.

Sie wissen natürlich inzwischen, dass für den Widder immer der Tag der Tage ist; und für einen kleinen Widder-Jungen oder ein kleines Widder-Mädchen gilt das allemal!

Die Schulzeit

Das große Vertrauen

Widder-Kinder sind von Natur aus überaus offen und vertrauensvoll. Da sie aber zugleich immer auf der Suche nach Neuem sind, fehlt es ihnen an angeborener Vorsicht. Es zählt daher zu Ihren vorrangigen Aufgaben als Eltern, Ihrem Widder-Kind ein Bewusstsein für die Gefahren der modernen Gesellschaft zu vermitteln. Warnen Sie Ihr Widder-Kind ruhig eindringlich vor den Gefahren unserer Zeit, denn sein Temperament wird ohnehin manchen guten Ratschlag in Vergessenheit geraten lassen!

Trotzdem sollten Sie nie nachlassen, Ihrem kleinen Widder immer wieder vor Augen zu führen, dass er nicht jedem Fremden uneingeschränkt sein Vertrauen schenken kann.

Hier bedarf es eines großen pädagogischen Fingerspitzengefühls; aber es ist notwendig, um den kleinen Widder vor großen Gefahren zu bewahren!

Gefahren für die Gesundheit

Sollte der oder die Kleine ständig über Kopfschmerzen klagen, so lassen Sie auf jeden Fall die Augen untersuchen, vielleicht liegt hier der Ausgangspunkt.

Auch auf die Ohren des kleinen Widders sollten Sie sorgfältig achten; denn wenn irgendwo im Schulbus Musik aus einem MP3-Player kreischt, so sitzt der Kopfhörer wahrscheinlich auf den Ohren Ihres Widder-Kindes.

Kommen die Kopfschmerzen aber immer nach der Schule oder nach den Hausaufgaben vor, sollten Sie untersuchen, ob hier nicht eine Änderung des Tagesablaufes oder der schulischen Belastung möglich ist. Vielleicht lässt sich das Problem leicht lösen.

Über die alltäglichen blauen Flecken und die regelmäßigen Hautabschürfungen sollten wir hier nicht noch gesondert sprechen. Am besten wird es sein, wenn Sie sich einfach daran gewöhnen. Denn diese kleinen Vorkommnisse gehören nun einmal zu Ihrem kleinen Widder! Achten Sie einfach immer darauf, genügend Pflaster und Verbandszeug im Haus oder im Reisegepäck zu haben!

Welche Schule für Ihr Kind?

Wenn Sie vor der Frage stehen, auf welche Schule Sie Ihren kleinen Widder-Sohn oder Ihre Widder-Tochter schicken sollen, dann bedenken Sie vor allem eines: Der Widder benötigt Disziplin und Freiheit!

Eine Drill-Erziehung alter Prägung wird Ihren Widder nur rebellisch machen. Sie widerstrebt seinem natürlichen Freiheitsdrang.

Lassen Sie den kleinen Widder andererseits völlig ohne Begrenzung aufwachsen, wird er über die Stränge schlagen. Eine weise Kombination von Freiheit und Begrenzung wird ideal sein. Sie zu finden, dürfte eine gewisse Schwierigkeit darstellen!

Der Widder und seine Lehrer

Dem Widder wird es, vor allem in den ersten Schuljahren, außerordentlich schwerfallen, still zu sitzen. Sein natürlicher Bewegungsdrang treibt ihn an, und es gibt doch allerlei anzustellen an so einem langen Schultag!

Hier werden seine Lehrer gefordert sein, um ihn an einer langen Leine zu führen.

Für den Widder wäre ein gutmütiger, fröhlicher, offener und begeisternder Lehrer die ideale Figur. Er könnte sich in den kleinen Temperamentsbolzen gut einfühlen, ihm seine Grenzen aufzeigen, aber auch sein inneres Potenzial wecken und fördern.

Widder-Kinder und ihre Spielgefährten

(MIT DEN BEISPIELEN LÖWE UND JUNGFRAU)

Der kleine Widder und der kleine Löwe

Der kleine Widder wird im kleinen Löwen seinen idealen Spielkameraden finden. Gemeinsam werden sie im Malunterricht alles in leuchtendem Rot malen und gemeinsam werden sie jene kleinen Abenteuer bestehen, die ihr Leben lebenswert machen.

Sie müssen nur aufpassen, dass der Widder und der Löwe die Schule nicht zu einem Zirkus umfunktionieren.

Möglicherweise ist der Direktor eine Jungfrau und hat für derlei Aktivitäten leider gar kein Verständnis!

Mit Tempo durchs Leben

Der kleine Widder wird erst nach einiger Zeit verstehen, dass nicht alle seine Spiel- oder Schulkameraden mit dem gleichen Tempo durch das Leben sausen wie er. Seine waghalsigen Unternehmungen dürften den Zartbesaiteten unter ihnen eher Angst einjagen. Das wird ihn nicht abhalten, sollte ihn aber auch nicht zu abfälligen Bemerkungen verführen.

Teilen lernen

Der kleine Widder muss mehr als andere Kinder lernen zu teilen. Vielleicht sollte er sein Lieblingsspielzeug mit in den Kindergarten nehmen, um auch andere Kinder damit spielen zu lassen. Es könnte eine wichtige, wegweisende Erfahrung für ihn sein!

Der kleine Widder und die kleine Jungfrau

Die beiden werden wohl keine großen Freunde werden, aber wenn der kleine Widder lernt, die Bastelarbeiten seiner kleinen Jungfrau-Spielkameraden gelten zu lassen, dann ist schon ein großer Schritt getan.

Die dumme Bastelei wird ihn auch weiterhin langweilen; aber vielleicht ist der kleine Jungfrau-Junge oder das kleine Jungfrau-Mädchen in anderer Hinsicht ein liebenswerter Partner.

Die erste Niederlage

Wenn der kleine Widder zum ersten Mal erleben muss, dass er nicht der Erste ist, bricht für ihn eine kleine Welt zusammen. Es wird eine schwierige Erkenntnis werden und ein nicht unerheblicher Schlag für sein Selbstvertrauen. Es ist ihm einfach zu selbstverständlich, immer an erster Stelle zu stehen.

Hilfsbereitschaft

Die Entfaltung von Hilfsbereitschaft wird eine der großen Aufgabenstellungen in der Erziehung eines kleinen Widders sein. Es wäre sicher eine gute pädagogische Hilfestellung, ihm beim Aufbau einer Freundschaft zu einem schwachen, eher scheuen Kind zu helfen.

Die Entfaltung der Idee von Fürsorge, von Verantwortung für einen Schwächeren, könnte in Ihrem kleinen Widder genau jene Eigenschaften hervorrufen, um derentwillen Sie den Kontakt hergestellt haben.

Wenn er schon früh lernt, Mitgefühl, Hilfsbereitschaft und Schutz für den Schwächeren zu entfalten, wird er später zu einem wertvollen Mitglied der menschlichen Gemeinschaft heranwachsen.

Persönliche Notizen

Persönliche Notizen

Freizeit

KAPITEL 7

Die Reiseländer des Widders

England

Die Engländer sind ein unkonventionelles Volk. Sie haben zwar ihre Etikette und ihre „Royals", aber sie leben ihre Strukturen auf eine sehr individualistische Art und Weise. Dies spricht den Widder an.

Am Abend in einem Londoner Pub beim Bier zu sitzen und über Gott und die Welt zu diskutieren, das ist ganz nach dem Geschmack des Widders.

Hier wird nicht der Weltschmerz im Mittelpunkt stehen, sondern Geselligkeit, Fröhlichkeit, ja sogar Ausgelassenheit. Und dies alles wird den Widder immer wieder auf die Insel ziehen.

Frankreich

In Frankreich zieht es den Widder aufs Land. Die Camargue oder die Bretagne mit ihren eigenwilligen Charakterköpfen und Gebräuchen sprechen ihn an. Hier gilt noch die Devise: leben und leben lassen. Mit den großen Metropolen und ihrem weltstädtischen Flair kann sich der Widder nicht so sehr anfreunden. Er wird die Wildpferde der Camargue dem Louvre immer vorziehen.

In Frankreich werden ihn auch die guten Rotweine des Bordelais ansprechen. Sie werden ihm eher munden als die feingliedrigen Burgunder.

Arabien

Der Widder liebt das kämpferische Element der Araber. Hier findet er einen Bezug zu seinem eigenen Kampfgeist. Manchmal merkt der Widder dabei gar nicht, dass er eher einem alten Bild als einer modernen Gegenwart nachfolgt. Doch bei der Bilderflut, die ihn in den Basaren in den Bann zieht, spielt das gar keine Rolle. Er ist ständig von einem neuen Reiz begeistert, einem faszinierenden Duft oder einer verschleierten Frauengestalt beziehungsweise einem stolzen arabischen Jüngling.

Polen

Kein anderes Land Osteuropas hat im Laufe der Jahrhunderte so viel Blutzoll für seine Unabhängigkeit gezahlt wie Polen. So etwas fasziniert einen Widder. Er kann sich gut vorstellen, als stolzer Pole für die Freiheit seines Landes zu kämpfen, wobei es keinen Unterschied macht, ob als Soldat oder als tapfere Frau hinter der Front. Solange der Widder noch seinen Kampfgeist verspürt, ist Polen nicht verloren.

Der Widder hat eine untrügliche Ahnung für Gleichgesinnte, und so zieht ihn das stolze Polen mit seinen Menschen und seinen zauberhaften Landschaften immer wieder an.

Dänemark

Dänemark und Polen ähneln sich in ihrer Geschichte und in ihrer weltpolitischen Situation. Beide Länder mussten sich immer gegen übermächtige Nachbarn zur Wehr setzen. Sind es auf der einen Seite die Russen, so waren es für die anderen die Schweden und Norweger sowie die Deutschen. Dennoch gelang es dem kleinen Dänemark immer wieder, seine Unabhängigkeit zu erstreiten. So etwas fasziniert einen Widder.

Die Dänen sind kraftvoll und spontan, und wenn man im Sport einen typischen Widder-Impuls aufzeigen möchte, dann gelingt dies leicht mit dem damals überraschenden Fußball-Europameisterschaftstitel für das kleine Dänemark, als die dänischen Fans mit Wikinger(Widder-)Hörnern und „Danish Dynamit" (dänischem Dynamit) auftraten. Eben wie richtige Widder!

Japan

Japan ist ein Land mit vielen Gesichtern, und einige davon faszinieren den Widder. Er wird kaum eine große Begeisterung für die japanische Tee-Zeremonie entfalten, aber Sumo-Ringer und noch mehr die Samurai-Tradition, das ist eher etwas für ihn. Hier zeigen sich Kraft und Wille gepaart, typischer kann sich der Widder als kosmischer Impuls nicht mehr ausdrücken. Das kann dann im Extremfall bis hin zu den Kamikaze-Fliegern führen, die sich voller Todesverachtung als lebendiges Selbstmordkommando in den Tod stürzten. Hier wird der Widder in seiner entstelltesten Form offenbar.

So bleibt Japan für den Widder einerseits ein Land voller Rätsel, andererseits aber auch eine alte Heimat mit vertrauten Riten, Kulten und Symbolen.

Der Widder und seine Hobbys

Ausgleich zur Pflicht

Der Widder ist ein sehr pflichtbewusster Mensch. Er nimmt seine Verantwortung in der Regel sehr ernst und benötigt daher in seiner Freizeit einen Ausgleich. Er wird verstärkt danach trachten, in diesen Mußestunden seinem großen Freiheitsdrang zu entsprechen und sich in Abenteuer und Aufregungen zu stürzen.

Vom Sitzen und Rennen

Ein Widder, der in seinem beruflichen Alltag zur Büroarbeit verurteilt ist, wird alles unternehmen, um in seiner Freizeit möglichst viel Bewegung zu haben. Dabei kann es zu allen Arten von Ballsportarten kommen, aber auch zum Trimmen oder Boxen.

Auch einige der asiatischen Kampfsportarten können auf den Widder eine erhebliche Faszination ausüben. Die Hauptsache ist, er spürt wieder seinen Körper, der nach dem endlosen Sitzen am Schreibtisch endlich wieder zu seinem angestammten Recht kommen möchte.

Der Kopfarbeiter

Wenn der Widder sehr stark von Kopfarbeit geprägt ist, etwa als Programmierer oder Mathematiker, sollte er sich in seiner Freizeit mit etwas beschäftigen, was ihn normalerweise nicht unmittelbar ansprechen wird – die klassische Musik. Sie könnte für ihn ein wundervoller Ausgleich für die intellektuelle Überbeanspruchung sein und ihn wieder zu innerer Harmonie führen.

Vielleicht bedarf es einer gewissen Zeit der Eingewöhnung, aber dann kann selbst aus einem Widder ein Klassikfreund werden.

Es muss Spaß machen

Der Widder wird sich nur schwer mit einem Hobby befassen, wenn er nicht sofort Freude daran hat. Die klassische Musik kann hier als Ausnahme gelten. Der Widder will in seiner Freizeit Spaß haben und nicht etwas tun, weil es vernünftig ist. Vernunft und Verantwortung stehen schon in seinem Berufsleben an erster Stelle, sein Hobby muss da anders geartet sein; und im Urlaub kann es schon einmal passieren, dass der Widder „die Sau rauslässt". Er hat außerdem die Fähigkeit, am nächsten Morgen nicht mit Katzenjammer aufzuwachen, sondern schaut schon voraus auf den nächsten netten Abend.

Der Autonarr

Wenn es die Finanzen des Widders erlauben, wird man ihn im Sportwagen über die Autobahn jagen sehen. Natürlich mit Höchstgeschwindigkeit. Ein Trabbi und ein Widder passen nicht zusammen, außer wenn es schon wieder um die individualistische kleine Macke geht. Dann kann der Widder der Sache eine eigene Note abgewinnen. In der Regel wird seine Liebe aber den Porsches, Ferraris oder Maseratis gelten; und das trifft nicht nur auf die männlichen Widder zu.

Die Gefahr besteht bei diesem Liebesverhältnis darin, dass der Widder möglicherweise in seiner Begeisterung vergisst, genau nachzurechnen, wie hoch die monatliche Rate für seinen neuen Flitzer ist. Da kann es ein böses Erwachen geben!

Der Klub-Gründer

Der Widder, in seiner Begeisterung für Geselligkeit, ist ein Weltmeister im Klub-Gründen. Dabei spielt es keine Rolle, ob es ein riesiger Verein oder nur ein kleiner Skatklub von vier Leuten ist. Der Widder liebt seinen Klub – bis er ihm langweilig wird. Dann legt er den Vorsitz nieder – und gründet einen neuen Klub. Es gibt da ja noch unbegrenzt viele Möglichkeiten!

Das Klub-Mitglied

Wenn der Widder schon keinen eigenen Klub gründet, so wird er in einem bestimmt Mitglied sein – im Film-Klub in seiner Nachbarschaft. Er liebt es, mit einem Stapel voller Action-Filme nach Hause zu kommen und sich die letzten Crashs von seinen Helden anzuschauen. In seinen Träumen jagt er dann auch mit 250 Stundenkilometern über volle Autobahnen, springt über Brücken, seilt sich vom Hubschrauber ab und bringt alle Verbrecher der Welt zur Strecke.

 Als Widder steht er immer an vorderster Action-Front!

Der Hobby-Koch

Er zählt sich nicht zu den absoluten Könnern mit der weißen Haube; aber er kocht leidenschaftlich. Vor allem liebt er das Exotische. Wer bei Widdern zum Essen eingeladen ist, sollte immer auf das Ungewöhnliche vorbereitet sein. Es wird kaum deutsche Hausmannskost geben, sondern eher etwas Undefinierbares, das noch dazu stark gewürzt ist.

Und natürlich will der Widder dann für seine vorzüglichen Kochkünste gelobt werden. Aber das wissen Sie ja inzwischen schon!

Der kleine Widder

Wenn Sie Ihrem kleinen Widder eine besondere Urlaubsfreude bereiten wollen, dann machen Sie alle zusammen Urlaub auf einem Pony-Hof. Er wird seine kleinen zotteligen Freunde lieben und den ganzen Tag auf ihrem Rücken zubringen. Für Widder-Kinder ist Pony-Reiten einfach das Größte.

Für die Eltern hat das den Vorteil, dass sie die Kids einfach am Morgen am Reitstall abgeben können, um sie dann spät am Abend todmüde in Empfang zu nehmen. In der Zwischenzeit können sie ihren eigenen Urlaub genießen; denn die kleinen Widder sind glücklich und bestens versorgt.

Der abenteuerliche Widder

Der Abenteuerurlaub

Der Widder wird im Urlaub kaum dem Massentourismus frönen und sich mit Zehntausenden von Sonnenanbetern am Teutonengrill bräunen. Er wird den Individualurlaub wählen, den abenteuerlichen.

Trekking im Himalaya, mit vierzig Kilogramm Gepäck auf den Schultern (Männlein wie Weiblein!), das spricht ihn an. Wenn es auf der Tour noch eine spezielle Felswand zu erklimmen gibt, umso besser.

Der Bergsteiger

In den Anden oder im Himalaya herumzuklettern, wird unserem Widder höchste Freude bereiten. Abseits von allen ausgetretenen Pfaden die Unberührtheit der Bergwelt erleben, das macht ihn glücklich.

Der Camper

Der Widder ist durchaus ein Freund von Campingurlauben, allerdings nicht auf überlaufenen Campingplätzen. Er zieht einsame Buchten oder versteckte Täler vor, wo er sein kleines Zelt aufschlagen kann oder ein stilles Plätzchen für seinen Campingbus findet. Je einsamer, desto besser!

Der Taucher

Der Widder ist ein leidenschaftlicher Hobbytaucher. Leider ist dieser Sport nicht ganz ungefährlich, wenn man seine Grenzen nicht kennt. Und wenn einer seine Grenzen nicht kennt, dann ist dies der Widder.

Er könnte so fasziniert von der bunten Unterwasserwelt sein, dass er beim begeisterten Schnorcheln überhaupt nicht merkt, dass ein kapitaler Haifisch ihn schon als willkommene Zwischenmahlzeit ausgespäht hat.

Wenn es nicht der Haifisch ist, dann könnte den Widder, in Überschätzung seiner Kräfte, auch der Tiefenrausch überkommen. Und so mag es geschehen, dass er nicht wieder auftaucht. Doch glücklicherweise sind dies Ausnahmen, denn der Widder gehört zu jenen Glückskindern, die sich notfalls an den eigenen Haaren aus dem Schlamassel herausziehen.

Persönliche Notizen

Der Mond und die Tierkreiszeichen

KAPITEL 8

Allgemeines über den Mond

Der Mond benötigt knapp achtundzwanzig Tage (genau 27,32), um einmal um die Erde zu ziehen. Die gleiche Zeit braucht er, um sich einmal um die eigene Achse zu drehen.

Da der Mond selbst kein Licht abstrahlt, reflektiert er lediglich das Licht der Sonne. So hängen die sogenannten „Mondphasen" (Neumond, abnehmender Mond, Vollmond und zunehmender Mond) von seiner Position zu Erde und Sonne ab.

Wenn man davon spricht, dass z. B. der Mond eines Menschen im Widder steht, so ist damit der Stand des Mondes im Augenblick der Geburt dieses Menschen gemeint. Sie können diese Information Ihrem persönlichen Horoskop entnehmen, das Sie sich von einem Astrologen oder online erstellen lassen, oder aus den gängigen Mond-Tabellen Ihres Geburtsjahres.

Neben dem Mond im persönlichen Horoskop gibt es natürlich noch die Mondphasen des täglichen Erdenlebens. Sie können also den Mond in Ihrem Horoskop im Schützen stehen haben, der heutige Tag dagegen zeigt den Mond in der Jungfrau. Sie können den täglichen Stand des Mondes leicht anhand der vielen Mond-Tabellen für das laufende Jahr ablesen.

Wer hat nicht schon einmal eine schlaflose Vollmondnacht verbracht oder anderweitig den Einfluss des Mondes gespürt? Wenn man etwa Kartoffeln an Tagen erntet, an denen der Mond im Stier steht, wird man feststellen, dass diese länger als im Vorjahr eine glatte Haut bewahren. Es empfiehlt sich zudem in Gesundheitsfragen, etwa bei anstehenden Operationen, den Stand des Mondes zu beachten. Es wäre durchaus ratsam, einen anstehenden Zahnarzttermin um ein paar Tage zu verschieben!

Im nachfolgenden Text wird zuerst der Mond im Horoskop behandelt, danach der Einfluss des Mondes im täglichen Leben. Beides ist so leicht zu unterscheiden.

Der Mond im Widder

Unter dieser Konstellation finden wir Menschen, die mit ihrer ehrlichen Meinung nicht „hinter dem Mond" halten. Es sind die entschlossenen, mutigen Menschen, die ihre Unabhängigkeit sehr schätzen.

Allerdings kann es ein Problem mit ihrer Gereiztheit geben. Sie reagieren auf ein unglücklich gewähltes Wort schon einmal mit einem spontanen Wutausbruch.

Menschen mit einem Mond im Widder können, wenn sie unglücklich sind, eine unangenehme sarkastische Neigung entwickeln.

Frauen, die einen Mond im Widder haben, können starke männliche Anteile aufweisen, auch wenn es sich nicht gleich um militante Blaustrümpfe handeln muss!

Im täglichen Leben

♈ Wenn der Mond im Widder steht, sind die Menschen häufig gereizter als normalerweise. Auch im Straßenverkehr tippt der Finger öfter an die Stirn als an anderen Tagen. Zudem ist Vorsicht an Kreuzungen angesagt!

- ♈ Obwohl in der Regel an solchen Tagen die Dinge leichter von der Hand gehen, sollten Sie sich vor Stress hüten. In diesem Fall wären Kopfschmerzen vorprogrammiert.
- ♈ Mit dem Mond im Widder haben Sie die Chance schlechthin, bei Ihrem Chef wegen einer Gehaltserhöhung vorstellig zu werden. Vorwärts – dem Mutigen gehört die Welt!
- ♈ Hegen Sie einen Kinderwunsch? Die Wahrscheinlichkeit, dass ein heute gezeugtes Kind ein Junge wird, ist groß.
- ♈ Wenn Sie gerne im Garten arbeiten, sollten Sie jetzt die Bäume beschneiden; auch das Düngen von Gemüse kann auf keinen besseren Zeitpunkt fallen. Gemüse, das schnell geerntet werden soll, stecken Sie am besten heute in die Erde. Vor allem die Tomaten sollten Sie unbedingt dann setzen, wenn der Mond im Widder steht.

Der Mond im Stier

Die treuesten Seelen haben ihren Mond im Stier. Diese Menschen lieben die Behaglichkeit und Ruhe, denn sie sind unbedingt wichtig für ihren Seelenfrieden. Es sind sinnliche Ästheten, die allerdings ihre gewohnten Lebensrhythmen benötigen. Sie werden gerne verwöhnt, aber sie verwöhnen auch gerne andere. Sie haben eine feine Nase und die guten Düfte regen den Appetit an. Daher sind Menschen mit dem Mond im Stier nicht selten übergewichtig.

Der Stier ist ein Gewohnheitstier und Menschen mit dem Mond im Stier neigen zu ausgeprägten

Gewohnheiten, die manchmal in einer ermüdenden Monotonie und Langeweile enden können. Dann werden sie richtig schwerfällig.

Im täglichen Leben

- ♈ Wenn der Mond im Stier steht, beherrschen die langsamen Tätigkeiten den Tagesablauf. Es wird um Dinge gehen, die eine lange Ausdauer erfordern. Dafür werden Sie sich harmonisch und ausgeglichen fühlen, was die Arbeit erleichtert.
- ♈ Steht der Mond im Stier, sollten Sie keine Mandel- oder Halsoperationen vornehmen lassen. Es würde Ihnen nicht gut bekommen!
- ♈ Wollen Sie ein neues Haus kaufen oder einen Mietvertrag unterschreiben, dann warten Sie besser, bis der Mond den Stier wieder verlassen hat. Sie könnten sich viel Ärger ersparen!
- ♈ Hegen Sie einen Kinderwunsch? Ein heute gezeugtes Kind wird wahrscheinlich ein Mädchen.
- ♈ Ruft Sie der Garten, sollten Sie jetzt dem Ungeziefer im Erdreich auf die Pelle rücken. Heute könnten Sie den Biestern richtig zusetzen!

Der Mond in den Zwillingen

Kennen Sie nicht auch jemanden in Ihrem Freundeskreis, dessen Redefluss kaum zu stoppen ist? Die Chancen stehen gut, dass er seinen Mond in den Zwillingen hat. Solche Menschen benötigen einen regen Gedanken- und Gefühlsaustausch und geraten immer wieder in Situationen, die sie äußerst anregend finden.

Mit dem Mond in den Zwillingen haben wir einen vielseitigen, spritzigen und unternehmungslustigen Menschen vor uns, der immer wieder auch Schwung ins Leben anderer Menschen bringen kann. Gelegentlich wird Menschen mit dieser Konstellation unterstellt, sie seien oberflächlich; aber Sie werden kaum einen interessanteren Gesprächspartner finden.

Wenn Sie dringend eine Nachricht übermitteln müssen, das Telefon aber dauernd besetzt ist, dann quasselt am anderen Ende der Leitung ein Zwillings-Mond. Fassen Sie sich in Geduld, es kann lange dauern!

Im täglichen Leben

- ♈ Es ist die richtige Zeit, um neue Kontakte zu knüpfen. Wollten Sie nicht schon immer die netten neuen Nachbarn zum Essen einladen? Vielleicht sollten Sie auch etwas Lustiges, Ungewöhnliches für den Abend planen. Wie wäre es mit einem aufregenden Blind-Date?
- ♈ Sie können mit dem Mond in den Zwillingen aber auch zu Hause Ihren Studien nachgehen. Die Zeit dafür ist günstig.
- ♈ Auch Briefe, die schon lange auf eine Antwort warten, könnten jetzt in Angriff genommen werden.
- ♈ Hegen Sie einen Kinderwunsch? Ein heute gezeugtes Kind wird vermutlich ein Junge.
- ♈ Im Garten sollten Sie jetzt rankende Pflanzen säen.
- ♈ Ist Hausputz angesagt, werden die Fenster heute mehr glänzen als sonst, obwohl die ganze Sache scheinbar mühelos abläuft. Lassen Sie sich jetzt nicht stoppen; es ist die richtige Zeit, um wieder einmal die ganze Wohnung kräftig durchzulüften.

 Der Mond im Krebs

Die Krebs-Monde kennzeichnen die ganz zart besaiteten Wesen des Tierkreises. Sie nehmen alle Einflüsse auf wie ein feuchtes Tuch. Es sind Menschen mit einer ausgeprägten Feinfühligkeit, die aber gepaart ist mit außerordentlicher Launenhaftigkeit.

Mit dem Mond im Krebs braucht es enorm viel Geborgenheit, sonst gibt es Probleme. Bei dieser Konstellation kann es auch eine starke Furcht vor dem Unbekannten geben, und daraus entstehend eine gewisse Unbeweglichkeit.

Menschen mit dem Mond im Krebs sind ausgesprochen liebevoll und lesen ihren Mitmenschen alle Wünsche von den Lippen ab. Allerdings können sie sich auch stark anklammern und festhalten.

Im täglichen Leben

- ϒ Heute sollten Sie Besuch einladen und ihn verwöhnen, er wird es Ihnen danken. Servieren Sie aber kein schweres Essen, denn an diesen Tagen ist der Magen sehr empfindlich!
- ϒ Lassen Sie die Seele baumeln, denn es ist nicht unbedingt die Zeit, um Bäume auszureißen und Berge zu versetzen. Es ist besser, Sie widmen sich Ihrer Familie.
- ϒ Sollten Sie sich jetzt einsam fühlen, nehmen Sie sich selbst nicht zu ernst, in wenigen Tagen oder Stunden schaut die Welt schon wieder ganz anders aus; denn es ist keine schlechte Zeit für den Beginn einer neuen romantischen Liebe. Allerdings sollten

Sie sich vor zu großer Empfindlichkeit hüten. Dafür ist später auch noch Zeit!
- ♈ Hegen Sie einen Kinderwunsch? Es wird ein Mädchen.
- ♈ Sollten Sie nicht gerade dem Hausputz frönen, packen Sie Ihre Sachen, gehen schwimmen und anschließend in die Sauna, es ist genau der richtige Zeitpunkt für solche Aktivitäten.
- ♈ Und weil wir schon bei den feuchten Aktivitäten sind: Heute ist ein guter Waschtag. Die hartnäckigen Flecken können Sie heute endlich entfernen!

Der Mond im Löwen

Die Löwe-Monde sind die Menschen mit dem sonnigen Gemüt. Sie können jugendlich verspielt sein; und sie sind großzügig in allen Lebensbereichen. Sie sollten aber beachten, dass diese Menschen im Mittelpunkt stehen wollen, das ist für sie sehr wichtig!

Sie strahlen viel Herzenswärme aus und verfügen über einen angeborenen Beschützerinstinkt. Sie werden auch feststellen, dass die Löwe-Monde ganz automatisch eine Führungsrolle einnehmen und sich damit ganz prächtig fühlen. So wollen sie es haben! Für ihre Mitmenschen allerdings ist dieses „Ich-bin-so-toll"-Gefühl und die Arroganz der Löwe-Monde nicht immer leicht zu ertragen.

Im täglichen Leben

- ♈ Munter hinein ins Vergnügen! Feste, Partys und sportliche Aktivitäten werden unter dieser Konstellation großgeschrieben. Sie sollten allerdings darauf achten, es nicht zu übertreiben. Es gibt

Seitensprünge, die einem später Kopfschmerzen bereiten!
- ♈ Wenn Sie unter das Messer müssen, dann heute besser keine Herzoperationen. Überhaupt sollten Sie bei dieser Mond-Konstellation auf Herz und Kreislauf achten!
- ♈ In Ihrem Umfeld können Sie heute Ihre Kompetenz beweisen. Stellen Sie also gerade heute Ihr Licht nicht unter den Scheffel!
- ♈ Wenn Sie ausgehen wollen, wären Oper oder Theater die erste Wahl.
- ♈ Hegen Sie einen Kinderwunsch? Es wird ein Junge.
- ♈ Und nicht vergessen: heute Körperpflege betreiben und vor allem Haare schneiden. Vom Ergebnis werden Sie überwältigt sein!

Der Mond in der Jungfrau

Die Ordnung hält Einzug. Es findet sich Systematik und sorgfältige Planung in allen Lebensbereichen.

Menschen mit dem Mond in der Jungfrau zählen zu den „Dienern des Lebens". Sie betrachten andere und stellen fest, dass sie selbst nur an zweiter Stelle stehen. Manchmal kommt dann Neid auf, aber letztlich siegt die Vernunft.

Unter dieser Konstellation kann es zu einer gewissen Kritiksucht kommen, die äußerst unangenehm auf die Mitmenschen wirkt. Zudem kommen die Jungfrau-Monde mit einer gewissen distanzierten Kühle daher, was sie etwas unnahbar wirken lässt. Oft findet sich dahinter aber eine große Tiefe und Gefühlsintensität.

Wenn sie sich öffnen könnten und spontaner wären, würde sich das Leben von einer leichteren Seite zeigen.

Im Körper können sich die Eingeweide und die Nerven melden – es ist dann Zeit zum Entrümpeln der Psyche. Frisch und mutig an die Arbeit!

Im täglichen Leben

- ♈ Es ist wahrlich nicht der Tag für die romantischen Treffen bei Kerzenschein. Der Besuch bei der alten Tante im Altersheim ist angesagt – sie wird es Ihnen danken.
- ♈ Besser, Sie schaffen heute Ordnung oder belegen einen Kochkurs, denn es ist nicht die Zeit für spontane Einfälle! Wartet nicht schon lange Ihre Steuererklärung auf Sie?
- ♈ Hegen Sie einen Kinderwunsch? Es wird ein Mädchen.
- ♈ Der Tag eignet sich drinnen zum Haareschneiden und draußen zum Balkonpflanzensetzen. So ist die Zeit gut genutzt!

♎ Der Mond in der Waage

Die Zeit der Aussöhner und Schlichter ist gekommen! Die Waage-Monde sind geradezu süchtig nach Harmonie. Bei Streiks sollten grundsätzlich nur Schlichter mit einem Waage-Mond zugelassen werden!

Im Körper kann es bei dieser Mond-Stellung zu starken Hautreaktionen kommen, auch die Nieren sollten im Auge behalten werden.

Es sind Menschen, die der Schönheit sehr zugeneigt sind. Häufig finden wir hier auch äußerst begabte

Künstler, die allerdings Schwierigkeiten haben, sich genau festzulegen. Die Waage pendelt immer hin und her. Waage-Monde müssen lernen, sich zu entscheiden und Abhängigkeiten zu vermeiden.

Im täglichen Leben

- Gehen Sie Ihren gesellschaftlichen Interessen nach und genießen Sie das Leben. Es ist die richtige Zeit für einen Stadtbummel.
- Heute ist das Selbstbewusstsein etwas schwach ausgeprägt und Entscheidungen fallen Ihnen schwerer als sonst. Warten Sie einfach, bis der Mond in den Skorpion wechselt. So lange dauert das ja nicht!
- Verschönern Sie inzwischen Ihre Wohnung. Sie werden sie selbst nicht wiedererkennen.
- Wenn Sie nach draußen gehen oder im Haus herumrennen, vergessen Sie die warmen Socken nicht, Ihre Blase wird es Ihnen danken!
- Hegen Sie einen Kinderwunsch? Es wird ein Junge.

Der Mond im Skorpion

Die Skorpion-Monde haben ein ausgeprägtes Durchsetzungsvermögen, das bis zur Rücksichtslosigkeit gehen kann. Sie sind entschlossen und bevorzugen große Unabhängigkeit in ihrem Gefühlsleben. Es sind oft sehr verschlossene Menschen, die aber durch ihr Wesen die Belastbarkeit und Gefühlswelt ihrer Mitmenschen prüfen. Sie können gar nicht anders; und sie kennen dabei keine Grenzen.

Mit dem Mond im Skorpion haben Sie die Gabe, unbewusst die Fehler Ihrer Mitmenschen zu erfühlen und direkt zur Sprache zu bringen. Das macht Sie nicht unbedingt zu jedermanns Liebling!

Die Skorpion-Monde sind faszinierende, geheimnisvolle Menschen, die man nie ganz versteht. Daher kommt der Ausdruck vom Skorpion-Blick, der tief in die Seele zu schauen scheint. Aber man kann nicht in die gleiche Tiefe zurückschauen!

Im täglichen Leben

- ♈ Haben Sie bestimmte Gefühle lange verdrängt, so kommen diese an Skorpion-Tagen an die Oberfläche und machen Ihnen und anderen zu schaffen. Trotzdem können Sie heute alle anstrengenden Arbeiten gut erledigen.
- ♈ Achtung: Heute ist alles explosiver als sonst – auch im Bett!
- ♈ Skorpion-Tage sind gut für Füllungen beim Zahnarzt, wobei es möglichst zunehmender Mond sein sollte! Auch die Dauerwelle hält heute einfach länger und strapaziert die Haare weniger. Es sollte sich ebenfalls möglichst zunehmender Mond am Himmel zeigen.
- ♈ Hegen Sie einen Kinderwunsch? Es wird ein Mädchen.
- ♈ Im Garten reagieren die Pflanzen an diesen Skorpion-Tagen besonders gut auf den Dünger; allerdings sollte dabei abnehmender Mond sein.

♐ Der Mond im Schützen

Menschen mit dieser Mondstellung suchen nach dem Sinn des Lebens. Sie sind erfüllt von einem ausgeprägten Idealismus und für die „wahre" Sache setzen sie sich mit allen Kräften ein. Sie fühlen sich in der Welt der Philosophie zu Hause.

Darüber hinaus verfügen sie über die Fähigkeit, andere durch ihren Idealismus mitzureißen, ohne dabei auf ihre Überredungskünste zurückgreifen zu müssen. Sie überzeugen einfach durch ihr Dasein!

Es sind freie Seelen, denn die Freiheitsidee ist ihnen schon in die Wiege gelegt worden! Manchmal sind ihre Höhenflüge allerdings unrealistisch; doch ohne sie könnten die Schützen-Monde einfach nicht leben.

Im täglichen Leben

- ♈ Wenn Sie eine interessante Kurzreise planen – jetzt ist der richtige Zeitpunkt. Auch für schwierige Gespräche ist jetzt ein guter Zeitpunkt, denn Toleranz ist angesagt. Wollten Sie nicht schon lange Ihre „geliebte" Schwiegermutter anrufen?
- ♈ Hüten Sie sich vor zu großen Versprechungen; denn wenn der Mond in den Steinbock wandert, schaut die Welt schon wieder ganz anders aus!
- ♈ Es ist ein Tag, um nach innen zu gehen und über die großen Lebensfragen zu meditieren. Heben Sie aber bitte nicht ab!
- ♈ Vielleicht wollen Sie sich auch um einen neuen Job bemühen oder nur eine Gehaltserhöhung fordern – heute ist Ihr Tag!

- ⟁ Wenn Ihnen nichts anderes einfällt, dann gehen Sie einfach wieder einmal ins Museum oder rufen einen vernachlässigten Freund an. Dann ist die Zeit genutzt.
- ⟁ Hegen Sie einen Kinderwunsch? Es wird ein Junge.
- ⟁ Im Garten sollten Sie, bei abnehmendem Mond, den Rasen mähen oder das Gemüse düngen.

Der Mond im Steinbock

Menschen mit dieser Mondstellung unterliegen einem inneren Ehrgeiz, der sie einem starken Druck aussetzt. Sie legen an sich selbst enorm strenge Maßstäbe an, denen sie dann manchmal selbst nicht gewachsen sind. Sie wirken unnahbar, da sie ihr Gefühlsleben sehr stark kontrollieren. Es handelt sich bei dieser Konstellation um Einzelkämpfer, die allein sich selbst Vertrauen schenken. Ihre Gefühlswelt scheint gar nicht zu existieren, daher wirken sie auf andere kalt und fast wie erstarrt.

Für Steinbock-Monde wäre es lebenswichtig, aus einer selbst angelegten Zwangsjacke auszubrechen und sich zu befreien!

Im täglichen Leben

- ⟁ Wollen Sie eine Lebensversicherung abschließen, so ist diese Mondstellung eine hervorragende Ausgangslage.
- ⟁ Es ist nicht gerade eine Zeit für ausgelassene Feste, Pflichten sind eher angesagt. Da aber gegenwärtig die persönlichen Wünsche und Sehnsüchte ohnehin nicht im Vordergrund stehen, lässt sich alles

bewältigen. Zudem wird man an diesen Steinbock-Mondtagen ohnehin nicht leicht unter Ermüdung leiden.

- ♈ Haut und Nägel sollten bei abnehmendem Mond gepflegt werden, auch die Zahnreinigung wäre keine schlechte Geschichte. Ab zum Zahnarzt!
- ♈ Hegen Sie einen Kinderwunsch? Es wird ein Mädchen.
- ♈ Im Garten ist Unkrautjäten bei abnehmendem Mond angesagt; bei zunehmendem Mond sollte dagegen umgetopft werden!

Der Mond im Wassermann

Hier treffen wir die Weltverbesserer, denn die Menschen mit dem Mond im Wassermann sind mit einem starken Gerechtigkeitssinn ausgestattet. Freiheit ist die Grundstimmung, die ihr Leben prägt und auf der sie alle Aktivitäten aufbauen. Sie schneiden die alten Zöpfe ab und leiten Reformen ein.

Es können ruhelose Geister sein, die innerlich ständig angetrieben werden und auf der Suche nach der Wahrheit sind. Ihre rastlose Suche lässt sie aber Ideen für eine neue Zeit entwickeln. Darunter kann dann auch schon einmal eine „verrückte" Idee sein.

Mit dem Mond im Wassermann sind Sie ständig auf Achse. Langeweile und Eintönigkeit bringen Sie um! Sie brauchen das Ungewöhnliche zum Leben.

Durchblutungsstörungen und Kreislaufprobleme sollten Sie bei dieser Mond-Stellung ernst nehmen!

Im täglichen Leben

- ♈ Es ist die Zeit für Teamarbeit! Gemeinsame Ideen können ein fantastisches neues Projekt auf den Weg bringen.
- ♈ Vielleicht wollen Sie aber auch nur den Keller entrümpeln oder die Fenster putzen. Bei abnehmendem Mond wären das die richtigen Aktivitäten!
- ♈ Joggen oder Tanzen könnten Ihnen auch zusagen, denn die Energie stimmt!
- ♈ Bei zunehmendem Mond können Sie auch an die neuen Zahnfüllungen denken. Jetzt passen sie!
- ♈ Hegen Sie einen Kinderwunsch? Es wird ein Junge.
- ♈ Im Garten können Sie bei Vollmond und bei abnehmendem Mond die Blumen düngen.

 Der Mond in den Fischen

Menschen mit einem Fische-Mond zeichnen sich durch eine liebevolle Aura aus, die es anderen Menschen erleichtert, ihnen Vertrauen zu schenken. Sie strahlen Freundlichkeit und Hilfsbereitschaft aus, die gerne in Anspruch genommen werden.

Es sind tiefe Seelen, deren unergründliche Seelenwelten von der Außenwelt oft nicht erkannt werden, da sie sich ganz in ihrer eigenen Welt abspielen. Der innere Ozean der Fische-Menschen!

Unter allen Mond-Typen sind sie die feinfühligsten, daher haben sie die größten Probleme mit dem Leiden anderer. Ähnlich den Krebs-Monden können sie sich nur schwer abgrenzen.

Manchmal versäumen sie vor lauter Träumerei das „richtige" Leben. Sie müssen Boden unter den Füßen fassen und ihr Selbstvertrauen verbessern.

Im täglichen Leben

- ♈ Das große Gefühl ist angesagt. Nehmen Sie sich ausreichend Taschentücher und schauen Sie sich im Kino die großen Liebesschnulzen an. Es ist die richtige Zeit, um sich total auszuheulen!
- ♈ Instinkte und Gefühle bestimmen in diesen Tagen alles Leben, und Sie werden auch spüren, wenn jemand Ihre Hilfe benötigt. Heute können Sie diese ganz mühelos verschenken.
- ♈ Entspannungsübungen und Massagen werden sich jetzt als besonders wirksam erweisen.
- ♈ Waschen und Saunabesuche sind bei abnehmendem Mond anzuraten; auch ein Zahn könnte, wenn es denn sein muss, jetzt gezogen werden.
- ♈ Hegen Sie einen Kinderwunsch? Es wird ein Mädchen.

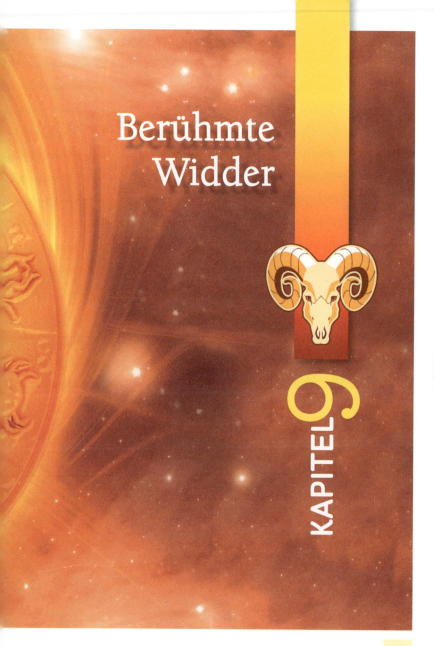

Berühmte Widder

KAPITEL 9

Berühmte Frauen

Bettina von Arnim (geb. 4.4.1785)

Eine der bedeutendsten Frauen ihrer Zeit. Ein unabhängiger Freigeist, der seine Stellung auch in der Männerwelt behauptete.

Theresa von Avila (geb. 28.3.1515)

Die große Kirchenlehrerin, deren Rat selbst Kirchenfürsten und weltliche Herrscher suchten.

Katharina I. (geb. 15.4.1684)

Die russische Zarin erhielt nicht ohne Grund den Beinamen „die Große". Sie war eine sehr temperamentvolle Frau, die Russland mit starker Hand beherrschte und reformierte.

Aretha Franklin (geb. 25.3.1942)

Die US-amerikanische Sängerin und Pianistin ist auch als „Queen of Soul" bekannt. Mit ihrer Stimmgewalt ruft sie selbst in fortgeschrittenem Alter bei ihren Zuhörern eine Gänsehaut hervor.

Berühmte Männer

Wilhelm Busch (geb. 15.4.1832)

Ein großer Dichter, der mit großem Realismus und viel Humor die Menschen beobachtete. Sein Werk lebt von der lebendigen Menschlichkeit und Spontanität.

Otto von Bismarck (geb. 1.4.1815)

Der große Staatsmann zeichnete sich durch Zuverlässigkeit und Führungsstärke aus. Er war kraftvoll und mit großer politischer Klugheit ausgestattet.

Helmut Kohl (geb. 3.4.1930)

Dem ehemaligen deutschen Bundeskanzler wird allseits ein starkes Machtbewusstsein bestätigt. Während seiner Amtszeit besaß er Führungsstärke und Entschlossenheit. Wenn er mit Eiern beworfen wurde, konnte sein Widder-Temperament schon einmal ungezügelt hervorbrechen, sodass er den Übeltäter gleich selbst stellen wollte.

Charlie Chaplin (geb. 16.4.1889)

Einer der eigenwilligsten und urwüchsigsten Schauspieler des 20. Jahrhunderts. Seine Art des Spielens wurde oft kopiert, aber nie erreicht.

Die Autoren

Petra Michel (Sternzeichen: Krebs, Aszendent: Löwe, Mond: Skorpion). Physikstudium, danach führende Stellung in der deutschen Industrie. Langjähriges Astrologiestudium, unter anderem bei Huber und Claude Weiss. Heute Leiterin eines Verlages in den USA.

Annette Wagner (Sternzeichen: Krebs, Aszendent: Schütze, Mond: Zwillinge). Eurythmiestudium, danach Tätigkeit in der Wirtschaft. Langjähriges Astrologiestudium. Seit vielen Jahren Prokuristin in der Verlagsindustrie.

Dr. Peter Michel (Sternzeichen: Krebs, Aszendent: Löwe, Mond: Schütze). Studium der Philosophie, Theologie und Religionswissenschaft, danach Gründung des Aquamarin Verlages. Autor zahlreicher Sachbücher zu den Themen Mystik und Esoterik.

© 2011 Kristall s.r.o.

Genehmigte Lizenzausgabe
tosa GmbH
Industriestraße 19
64407 Fränkisch-Crumbach 2016
www.tosa-verlag.de

Layout, Satz und Umschlaggestaltung:
designcat GmbH

ISBN 978-3-86313-110-4

Der Inhalt dieses Buches wurde von Autor und Verlag sorgfältig erwogen und geprüft. Es kann keine Haftung für Personen-, Sach- und/oder Vermögensschäden übernommen werden.

Kein Teil dieses Werkes darf ohne schriftliche Einwilligung des Verlages in irgendeiner Form (inkl. Fotokopien, Mikroverfilmung oder anderer Verfahren) reproduziert oder unter Verwendung elektronischer oder mechanischer Systeme verarbeitet, vervielfältigt oder verbreitet werden.

Bildnachweis
Shutterstock: ARCHITECTEUR 20, 22, 24, 25, 30, 35, 39, 42, 48, 51, 55, 58, 62, 74, 76, 82, 83, 85, 87, 89, 100, 104, 106, 108, 110, 116, 119, 121, 128, 131, 135, 140, 158, 159/ MaraQu Cover/marrishuanna Cover, 4, 6, 8, 10, 12, 14, 16, 19, 20, 22, 24, 25, 26, 29, 30, 32, 34–36, 38–40, 42, 44, 47, 48, 50–52, 54–56, 58, 60, 62, 64, 66, 68, 70, 72, 74, 76, 78, 81–84, 85–90, 92, 94, 96, 99, 100, 102, 104, 106, 108, 110, 112, 115, 116, 118–122, 124, 127, 128, 130–132, 134–136, 139, 140, 142, 144, 146, 148, 150, 152, 154, 157, 158, 159/Photosani 1, 18, 28, 46, 80, 98, 114, 126, 138, 156/pixelparticle 2–3/ PPVector 141, 142, 143, 145, 146, 147, 148, 149, 151, 152, 153, 154